대천덕 신부의
통일을 위한
코이노니아

대천덕 신부의
통일을 위한
코이노니아

–

대천덕 지음
벤 토레이 엮음

홍성사

차례

머리말

몇 년 전 이 책을 구상할 때 저에겐 두 가지 목표가 있었습니다. 첫째는 이 분단된 민족에 쏟은 아버지의 마음을 이어받으라는 하나님의 부르심과 일치하는 것으로, 아버지의 글 가운데 통일 문제에 관련된 것들만 모아 펴내는 것이었지요. 두 번째 목표는 영어 사용자와 한국어 사용자 모두 이 글을 읽을 수 있게 만드는 것이었습니다. 대천덕 신부는 언제나 영어로 글을 썼고, 그 글은 한국어로 번역되었습니다. 이 두 글을 한 권의 책에 담는 건 어려운 일이 아니었지요.

대천덕 신부는 한국과 한국 사회, 한국 교회와 한국 사람들에게 지대한 관심을 가지고 마음을 쏟았습니다. 그는 사회 곳곳에 정의와 거룩함을 외치는 선지자의 목소리였습니다. 그를 일정한 틀 안에 넣는 건 어려운 일입니다. 좌파와 우파 모두 그를 존경했고 또 그를 비방했습니다. 대천덕 신부는 인간의 그 어떤 사상에도 붙들리지 않았고, 오직 성경 말씀의 빛 속에서 면밀히 따져 본 뒤에 살아남은 것만을 붙들었습니다. 그는 인간의 길이 아니라 하나님의 길을 추구했습니다. 오늘날 많은 사람들이 기독교적 세계관이나 성경적인 세계관을 말합니다. 대천덕 신부도 그 세계관을 말하고 글로 썼지만, 더 중요한 점은 그 세계관으로 자신의 삶을 살아 냈다는 것입니다. 그는 생활의 모든 영역과 인간적 노력 가운데 그 의미를 풀어내고 적용했습니다.

중국에서 태어나고 자란 그는 동양문화와 서양문화의 충돌을 경험하고 제국주의의 열매를 직접 보았습니다. 2차 대전 기간 중 중국과 미국에서 교육받고, 또 건설 노동자, 상선의 선원으로 일하면서 다양한 믿음과 이념을 맛보았습니다. 그는 첫 목회를 미국 남부의 외딴 시골에서 소외되고 차별당하는 사람들과 함께 했습니다. 이 모든 경험을 통해 그는 가난한 사람들과 사회문제에 대해 깊은 애정과 이해를 품게 되었습니다.

늘 진리를 찾는 데 전념해 온 그는, 대학에 다니는 3년 동안 기독교의 믿음이, 그 주장하는 바와 성경에서 주장하는 것에 여전히 유효한지 결정하기 위해 실험을 진행했습니다. 3년째 되던 어느 시점에 그는 성경의 하나님과 인류의 죄, 그리고 우리의 죄로 인해 죽으시고 다시 살아나 승리하신 구원자가 필요함에 대한 자신의 믿음을 얼버무림 없이 고백할 수 있게 되었습니다. 그

8

는 그리스도와 제자들, 선지자들, 모세의 율법에 대한 성경 말씀을 실험해 보았고 그 모두가 진실임을 알아냈습니다. 진실일 뿐만 아니라 영감에 의해 적힌 그 말씀의 모음집 안에는 인류의 그 많고 많은 모든 문제들에 대한 해답이 있음도 알았습니다. 한편으로 그는 교회의 전통적 시각(종파에 관계없이)에 의문을 품고 도전하기 시작했습니다. 교회의 전통적 교의를 준수하는 그로서는 한 번도 신학적으로 '자유주의자'였던 적은 없었지만, 그는 교회가 성경의 온전한 가르침을 여러 방식으로 훼손하고 오해하고 무시해 왔음을 발견했습니다. 그 결과는 분열된 교회와 하나로 통합되지 못한 신학이었지요. 그는 이것을 예수 그리스도의 교회에 대한 사탄의 가장 효과적인 공격 중 하나로 여겼습니다. 그는 신학을 하나로 다시 통합하는 데 자신을 바쳤습니다. 그러나 여기저기서 조금씩 빌려 오는 게 아니라, 성경이 말하는 바를 솔직하게 내놓고 추구하고 그 결과가 어떻게 나오든 그것이 이끄는 대로 따르는 방법을 통해서였지요.

하나님의 부르심에 순종하기 시작한 처음 몇 년간 그는 이 헌신의 대가를 치러야 했습니다. 아인슈타인과 원자 탐험의 시대에 그의 꿈은 핵물리학자가 되는 것이었습니다. 당시는 과학자되기를 열망하도록 고양하는 시절이었지요. 그러나 그의 내면 깊은 곳에는, 만약 하나님이 진짜로 존재하고 성경이 진실이라면 하나님께서는 그에게 성직에 몸담기를 요구할 것 같다는 느낌이 있었습니다. 그 시절 가장 하기 싫은 일이었지요, 목사가 된다는 건! 그래서 실험을 진행하면서도 결국은 하나님의 존재를 입증하지 못하게 돼서 자기 뜻대로 인생을 살게 되기를 바라는 마음도 좀 있었습니다. 존엄한 하나님의 부르심에 불순종한다는 건 생각도 할 수 없는 일이었으니까요. 만약 하나님이 하나님이라면, 우리는 그에게 순종하는 편이 낫습니다. 우리 자신을 위해서라도.

이 같은 진리에 대한 헌신과 순종이 그를 성경 말씀을 깊이 탐구하도록 이끌었는데, 그는 늘 역사적 상황과 원문의 문맥을 이해하려 애썼고, 서로 모순되는 것과 서로 관련되는 것을 찾아 비교하며 읽었습니다. 이런 탐구를 통해 그는 새로운 발견을 많이 하게 되었습니다. 가끔은 교회와 사회에 널리 받아들여진 이해와 상충됨을 발견하기도 했습니다. 한편 그는 성경 말씀을 깊이 탐구함에 따라, 하나님께서 자신을 부르신 일에 능력을 갖기 위해 성령세례를 구하고 그것을 받게 되었습니다. 그가 성령세례를 구하는 기도를 했을 때 그에게는 어떤 은사가 왕창 부어지는 일도 일어나지 않았고 감정적 체험도 없었습니다. 그런 모든 일들은 오랜 뒤에 찾아왔지요. 어렸을 때 한번은 아버지께 아버지는 어떻게 성령세례를 받았다는 걸 아시느냐고 물었습니다. 아버지는 두 가지 증거가 있다고 대답했습니다. 첫째는 하나님이 그것을 구하는 자에게는 주신다고 약속하셨다는 것. 아버지는 그 약속을 액면 그대로 받아들였습니다. 그는 구했으므로, 따라서 그는 받은 것입니다. 두 번째 증거는 이전보다 더 많은 문제에 자꾸만 부딪치게 되었다는 사실! 아버지 안의 성령이 자꾸 그를 현재의 상황과 갈등을 일으키도록 이끌었던 거지요.

대천덕 신부는 '기도의 사도'로 불리곤 했습니다. 그는 항상 기도하는 사람이었습니다. 그는 사람들에게 기도하라고, 자기 자신을 위해서가 아니라 남들을 위해 기도하라고 외쳤습니다. 1965년에 아버지와 어머니(현재인, Jane Grey Torrey)는 예수원을 중보기도의 집으로 세웠습니다. 아버지는 우리 그리스도인들이, 교회가, 우리 사회가 하나님께 순종하라는 성경적 이상에 훨씬 못 미친다는 걸 알았지만, 우리의 모든 노력이 미치지 못할 때 우리는 전능한 창조주 하나님께 돌아설 수 있고 돌아서야 한다는 것 또한 알기에 결코 절망하지 않았습니다. 하나님은 이 망가진 세상을 사랑하시고 하나님의 목적을 끝내 성취하시리라 믿기에 절망하지 않았지요.

대천덕 신부는 원래 예수원을 기도의 집뿐만 아니라 기독교인 삶의 실험실로 구상했습니다. 이 실험실을 통해, 공동체와 그 밖의 곳에서의 설교를 통해, 그리고 글을 통해 대천덕 신부는 한국 교회에 커다란 영향을 끼쳤습니다. 그의 글은 대부분 다양한 잡지에 실린 논문과 에세이입니다. 대개 책으로 묶이거나 다른 부가적 책에 자료로 제공되었습니다. 불행히도 영어로 출판된 건 거의 없습니다. 영어권에 참으로 안타까운 일이지요. 이 책의 밑바탕이 된 것은 '산골짜기에서 온 편지'라는 제목으로 다달이 쓴 칼럼입니다. 여러 해에 걸쳐 여섯 권의 책으로도 묶여 나온 이 칼럼은 대천덕 신부가 받은 질문에 답하는 형식으로 쓰인 것입니다.

대천덕 신부는 여든이 되자 하나님께서 당신의 남은 생애를 남북한의 통일을 이루는 데 바치기를 원하시는 듯하다고 말했습니다. 그는 이미 오랫동안 이 문제에 깊이 천착해 왔고 글을 써 왔습니다. 이때부터는 그것을 이룰 방법을 적극적으로 구했습니다. 당시 그는 앞으로 살 날이 4년밖에 남지 않았다는 걸 몰랐지요. 그 4년 동안 그는 이전 어느 때보다 더 이 주제에 집중해 가르치고 글을 썼습니다. 그리고 언제나 그랬듯이 기도했습니다.

이제 대천덕 신부가 영광에 들어간 지 10년이 된 것을 기념하기 위해, 그가 작성한 영문과 한글 번역문이 함께 실린 이 작은 글 모음집을 펴냅니다. 이것은 그에게 바치는 헌사입니다만, 더욱 중요하게는 그가 이루려고 애썼던 일, 이 민족에 치유를 가져오는 일에 작은 기여가 되고자 이 모음집을 펴내는 것입니다.

우리 아버지는 이 책에 누군가를 당황시키는 무언가가 있다는 걸 인정하는 첫 번째 사람일 것입니다. 이제 우리는 두 가지 언어로 출판함으로써 훨씬 더 많은 사람들을 당황시킬 수 있습니다! 그렇지만 대부분의 사람들은 그와 동시에 마음에 호소하는 무언가를 발견할 것입니다. 우리 아버지의 놀라운 은사 가운데 하나가 온갖 스펙트럼의 기독교인과 종횡무진 가까운 친구가 되는 것이었습니다. 로마 가톨릭 신자에서 침례교도까지, 보수적 근본주의자부터 자유주의적 사회운동가까지, 복음주의자에서 은사주의자까지 그리고 생각 깊은 비신자들과도. 그리고 무신론자, 불가지론자, 불교 신자, 유교도와 다른 이들까지. 자본주의자 자본가와 헌신적 사회주의자, 다양한 교파의 서열 구조의 상층부에 있는 고위층과 예수원으로 순례 온 수많은 보통 사람들이 모두 그의 친구였습니다. 그가 존경받기도 하고 비난받기도 한 이유, 그가 그 누구의 틀에도 맞추지 않은 까닭은, 그의 온전한 헌신이 오로지 진리의 원천이신 한 분께, 곧 말씀이 육신이 되신 분, 예수 그리스도, 말씀을 드러내고 말씀 속에서 드러난 분, 길이요 진리요 생명이신 그분께만 온전히 바쳐졌기 때문입니다. 대천덕 신부의 삶은 진리에 대한 그의 헌신의 실제적 표현이었습니다.

사람들은 내게 우리 아버지의 아이디어를 정말 좋아하지만 대부분 비실용적이거나 너무 이상적이라고 말하곤 했습니다. 아버지는 이런 것에 전혀 신경 쓰지 않았습니다. 그는 이런 아이디어가 매우 실용적이라고 확신했기 때문에, 이것이 현대사회에서 어떻게 작동할 수 있는지 또 어떻게 작동해야 하는지에 많은 생각을 쏟았습니다. 그는 이런 아이디어가 여기저기서 어떻게 작동되어 왔는지 실례를 들곤 했지요. 사실은, 그의 아이디어가 너무

도전적이어서 사람들이 그것을 다루려 하지 않은 것 같습니다. 이제 우리가 다시 한 번 도전할 때라고 믿습니다.

여기 모두를 위한 무언가가 있습니다—보수주의자와 자유주의자, 세속주의자와 종교주의자 모두를 위한. 나는 여러분이 이 글 하나하나를 열린 마음으로 읽고 흡수하기 바랍니다. 또 이 글 안에 없는 것은 읽지 않도록 주의하십시오. 예를 들어, 토지의 공공소유에 대한 강조는 그를 마치 사회주의자처럼 보이게 할 수 있지만 그는 곧 사회주의와 공산주의의 실패를 지적합니다. 우리 손으로 작업한 것, 우리 노동의 결과물에 관한 한, 그는 '자유방임주의' 자유시장주의자였습니다. 동시에 그는 늘 가난한 사람들과 성경적 코이노니아 안에서의 자발적 나눔을 옹호했습니다. 그는 개인적 구원의 필요와 성령의 역사 중 어느 하나도 무시하지 않는다면 복음의 사회적 영향이 크리라고 늘 생각했습니다.

흥미로운 건, 이 글 가운데 어떤 것은 거의 20년 전에 쓰였는데도 오늘날 쓰인 것처럼 적용된다는 점입니다. 김일성이 죽은 직후 1994년에 쓰인 〈탐욕은 우상숭배(Kim Jong Il and Repentance)〉가 아이러니하게도 그렇습니다. 2011년 12월 김정일의 죽음으로 현재 그의 아들 김정은의 지배 체제라는 매우 비슷한 상황에 놓여 있습니다. 몇몇 이름과 세부 사항만 바꾼다면 마치 올해 쓴 글처럼 읽힐 것입니다.

일부 번역 및 편집에 도움을 준 조은수 자매님에게 감사의 말을 전하며, 아버지가 즐겨 인용하신 말씀으로 이 글을 마치고 싶습니다. 이 말씀은 그의 삶을 전형적으로 보여 줍니다. 정의에 대한 열정, 자비를 필요로 하는 누구에게나 주저함 없이 베푸는 마음, 그리고 그의 전 생애를 통해 실천한 겸손함을 말입니다.

> 사람아 주께서 선한 것이 무엇임을 네게 보이셨나니
> 여호와께서 네게 구하시는 것은
> 오직 정의를 행하며 인자를 사랑하며
> 겸손하게 네 하나님과 함께 행하는 것이 아니냐 (미 6:8)

2012년 7월 예수원에서
벤 토레이

1부

하나님과
교회와
통일

통일 한국을 위한 영적인 전제조건

통일논단, 1993.

통일을 위한 영적인 전제조건은 무엇일까요? 우리나라 기독교인들은 오랫동안 통일을 위해 간절히 기도해 왔고, 사실 기도는 통일을 위한 가장 기본적 조건입니다. 그런데 기도에 문제가 있습니다. 우리가 하나님께 요청을 들고 나아갈 때 그 요청들이 하나님의 뜻과 일치해야 합니다. 하나님이 우리에게 바라시는 바가 무엇인지 알기 위해 우리는 하나님의 얼굴을 구해야 합니다. 하지만 우리는 대개 통일이 그저 하나님의 뜻일 거라고만 생각하고 더 이상 나아가지 않습니다.

최근에 하나님은 교회 지도자 중 한 사람에게 통일을 위해 기도하는 것을 멈추라고 하셨습니다. 그분은 심하게 충격을 받으셨지만, 하나님의 뜻은 단호했습니다. 하나님께서는 "너희가 교파 간에 통합을 이루지 못한다면, 이 나라의 통일을 위해 기도

할 권리가 없다"고 말씀하셨습니다. 하나님의 계획에는 순서가 있고, 필요조건이 있습니다. 만약 우리가 교회 내의 분열에 무관심하면서 민족 통일에 관심이 있다면 거짓된 것입니다. 왜냐하면 교회의 분열은 하나님의 뜻을 정면으로 거스르는 것이며, 믿지 않는 사람들로 하여금 예수가 하나님의 보내심을 받은 구세주라는 사실을 받아들이지 못하게 하는 것이기 때문입니다. 그리스도의 몸이 하나 되는 것보다 나라가 하나 되는 것에 훨씬 더 관심이 있다면 우리는 우상숭배자들입니다. 그러면 우리의 신은 예수님이 아니라 민족이 되는 것입니다. 남한의 신자들끼리도 화합하지 못하는데, 어떻게 북한의 불신자와 화합하기를 기대할 수 있겠습니까? 통일을 위한 기도의 첫째 전제조건은 교회를 위해 기도하는 것입니다.

그러면 대체 어떻게 남한의 교회가 통일될 수 있습니까? 하나님만이 아십니다. 그러나 성령님께서 우리 마음에 서로에 대한 사랑을 부어 주시고, 우리가 이 문제에 대한 성경의 가르침을 받아들인다면, 어떻게 진행해 나가야 할지 성령께서 지혜를 주실 것입니다. 두 마음을 품은 자들에게는 성령께서 지혜를 주시지 않습니다. 그들은 정치적인 통일은 원하지만 영적인 통일은 원하지 않거나, 하나님의 방법이 아니라 자신들의 방법으로 통일을 이루려 하는 자들입니다.

한국 교회는 하나님의 말씀에 순종한다고 자랑하면서, 성경에 68번이나 나오는 서로 사랑하라는 말씀을 심각하게 받아들이지 않습니다. 우리는 서로를 비방하는 데 훨씬 많은 에너지를 씁니다. 이 모든 걸 잠깐 멈추고, 성경에서 우리에게 뭐라고 말하는지 살펴봅시다.

시편 85편 10절에는 "인애와 진리가 같이 만나고 의와 화평이 서로 입 맞추었으며"라고 나옵니다. 하나님께서 말씀하시는 것이 무엇입니까? 하나님과 온전한 관계를 맺기 위해, 그리고 우리 땅에 복 주시기를 구하기 위해서는(12절) 이 네 가지 요소, 즉 인애, 진리, 의, 화평이 꼭 필요하다는 것입니다. 한국 교회는 설교단과 신학교에서 진리의 나팔은 크게 붑니다. 그러나 자비를 행하는 일은 드물고 정의에 대한 관심, 특히 정의를 위한 실천은 더더욱 부족합니다. 더구나 한국 교회 안에는 화평이 없습니다. 모든 교단은 다른 교단을 비방하고, 지금도 분열이 계속되고 있습니다. 200년 동안 분열된 교단이 재결합한 것은 단 한 건에 불과합니다.

이런 교회가 어떻게 하나님께 이 나라를 위해 좋을 것을 달라고 할 수 있겠습니까? 최근 정부의 부패추방운동에서 수많은 기독교인이 여기에 깊이 연루되어 있다는 사실이 드러났습니다. 일반 성도들뿐 아니라 장로와 목사들까지 말입니다!

예레미야 32장 39절에는 "내가 그들에게 한 마음과 한 길을 주어 자기들과 자기 후손의 복을 위하여 항상 나를 경외하게 하

고”라는 말씀이 나오고 에스겔 11장 19절에서 하나님은 “내가 그
들에게 한 마음을 주고 그 속에 새 영을 주며 그 몸에서 돌 같
은 마음을 제거하고 살처럼 부드러운 마음을 주어”라고 말씀하
셨습니다. 과연 이들 말씀에서 하나님이 하시려는 것은 무엇입니
까? 새 언약입니다. 예수 그리스도의 죽음과 부활로 효력을 갖
게 된 새 언약은 하나 됨의 언약입니다! 성령의 은사를 통해 하
나님은 우리에게 한 마음과 한 길을 주겠다고 약속하셨습니다.
만약 우리 크리스천들이 한 마음을 품지 아니하고 각자 제 갈 길
로 간다면 우리는 도무지 크리스천이 아닙니다. 우리는 배우요,
거짓말쟁이입니다!

그러면 결론은 무엇입니까? 통일을 위한 첫째 조건은 남한
교회의 분열에 대한 회개입니다. 우리는 무릎을 꿇고 엎드려 하
나님께 회개하게 해달라고 부르짖고, 이 분열에 대해 무언가 해
야겠다는 단호한 결심을 하게 해달라고 부르짖어야 합니다. 우리
마음에 성령을 보내 주셔서 굳은 마음을 제하고 부드러운 마음
을 달라고 부르짖어야 합니다.

통일을 위한 두 번째 조건은 정의입니다. 만약 북한에 정의
를 회복시킬 방안을 갖고 있지 못하다면, 우리는 그들과 대화할
근거가 없습니다. 대부분의 남한 사람들은 현재 북한 체제를 옳
지 못하다고 생각합니다. 그러나 얼마나 많은 남한의 크리스천
들이 성경이 가르치는 정의에 대해 이해하고 있습니까? “너희는

먼저 하나님의 나라와 그 정의를 구하라"고 하신 예수님의 말씀은 무슨 뜻입니까? 남한은 하나님의 나라에 근접해 있습니까? 남한에 정의가 있습니까? 정의는 무엇입니까?

대단한 뇌물을 줄 수 있는 사람이 재판에서 우호적인 판결을 받아 내는 것이 정의입니까? 돈 앞에는 모든 문이 활짝 열리고, 가진 게 없는 사람은 아무것도 할 수 없는 상황이 정의입니까? 성경은 정의를 어떻게 가르치고 있습니까? 성경은 모든 사람이 자기 땅을 갖고 있을 때 정의가 시작된다고 명확히 말합니다. 인간에게 가장 기초적인 인권은 토지에 대한 권리입니다. 성경의 율법은 이러한 토지에 대한 권리를 보호하고 있으며, 부자나 힘 있는 자가 가난한 사람으로부터 토지를 사들이는 것을 금하고 있습니다. 물론 가난한 사람이 자기의 토지를 임대하는 것은 허용됩니다. 그러나 너무 가난해서 토지를 남에게 임대해 줄 수밖에 없는 사람이라도 희년이 되면 자기 땅을 돌려받게 되고 임대계약은 끝납니다. 이러한 성경적 원리를 현실에 적용할 방법이 얼마든지 있는데도, 아직까지 남한에서 적용된 예가 없습니다. 이제껏 우리가 보아 온 것은 성서에서 저주하는 바로 그 방법으로, 부자는 더욱 부유해지고 가난한 사람은 더욱 가난해지는 현상입니다. "가옥에 가옥을 이으며 전토에 전토를 더하여 빈틈이 없도록 하고 이 땅 가운데에서 홀로 거주하려 하는 자들은 화 있을진저(사 5:8)." '유업' '구속' '구속자' 같은 말이나 그 밖에 성경의 여러 용어들이, 모든 정의의 기본이 되는 토지법에서 나온 것입니다. 그럼에도 오늘날 교회는 이와 같은 성경의 가르침에 무관심하고, 정의를 위한 부르심을 받았다는 몇몇 크리스천조차 다른 인본주의나 사회주의 철학자에게서 가져온 정의의 개념을 씁니다. 우리가 하나님을 믿는다면 하나님의 법을 믿는 것입니다. 만약 우리가 하나님의 법을 믿는다면, 모든 가족의 토지권을 시행할 방법을 찾게 될 것입니다.

남한이 토지문제를 해결할 수 있는 현실적인 대안을 찾아낼 때에야 북한과 함께 나눌 대화거리가 생기는 것입니다. 너무 복잡하고 집행 불가능하며 옳지 않은 (다시 말해 불의한) 법률에 의해 남한에서 땅 투기를 계속 허락하고, 아니, 부추긴다면(건물이나 집에 세금을 부과하는 것은 결과적으로 땅 투기를 부추깁니다), 우리는 북한과 대화할 게 없습니다.

기독교인은 먼저 남한의 교회가 정의에 관심을 갖도록 기도해야 합니다. 그리고 교회가 인본주의적 가치가 아니라 성경적 원리를 주창하도록 기도해야 합니다. 그리고 경제적으로나 정치적으로 권세 있는 자들이 성경적 정의를 입법화하고 실행할 수 있도록 기도해야 할 것입니다. 오순절에 성령이 교회에 강림하시자 땅 투기꾼들이 자기 부동산(땅과 집)을 팔아 가난한 사람을 구제하기 위해 교회에 바쳤습니다.

자비는 정의 다음에 오는 것입니다. 나라에 정의가 없을 때,

가난한 사람의 수가 점점 더 늘어나고 고아와 과부는 착취당하고 무시당하게 됩니다. 또 자비를 행함으로써 가난의 문제를 해결하려는 사람들은 마침내 자신이 할 수 있는 일에는 너무나 큰 한계가 있다는 사실을 알게 될 것입니다. 정의가 시행된다면 자비의 손길이 필요한 불행한 사람이 적어져 나머지 공동체 성원들이 그들의 필요를 쉽게 충족시킬 수 있습니다. 우리가 북한과 대화하게 될 때, 정의가 아니라 뇌물에 의해 움직여 온 잔인한 체제로 인해 희생당한 사람들을 많이 발견하게 될 것입니다. 따라서 우리는 정의뿐만 아니라 자비로움도 준비해야 합니다. 우리는 하나님께 우리 마음을 긍휼로 채워 달라고, 또 긍휼을 실제적인 차원에서 행할 수 있는 지혜를 달라고 간구해야 합니다.

하나님께서 자비와 정의와 함께 반드시 연관시키시는 세 번째 조건이 있습니다. 그것은 '네 하나님과 겸손히 동행하는 것'입니다. 많은 사람들이 기독교인임을 자랑하면서, 자기는 하나님의 법을 다 지키며 교회의 기둥이라고 자부합니다. 그러나 하나님과의 동행에 겸손함이 없습니다. 만약 이런 교만한 태도로 북한 동포와 얘기를 나눈다면 모든 게 헛수고로 돌아갈 것입니다. 우리는 하나님께 우리의 종교적 태도와 관계에서 겸손함을 달라고 구해야 합니다. 오직 이러한 겸손한 태도로만 아직 예수 그리스도를 만나지 못했거나 그 현현을 보지 못한 사람들과 대화할 수 있습니다. 그들에게 갈 사람은 우리뿐입니다. 우리가 겸손하고, 자비로우며, 토지권에 근거한 정의에 관심이 있다면, 대화의 여지가 있습니다. 그러면 그 가운데 정직한 사람들은 우리에게서 그리스도를 보고 그들도 그리스도를 알고 싶어 할 것입니다.

추론해 보건대 북한 정부의 철저한 반종교정책은 북한 주민의 삶에 커다란 영적 공백을 남겨 놓았을 것입니다. 한국에는 늘 샤머니즘의 흐름이 있어 왔기에, 북한에도 어떤 형태로든 샤머니즘이 계속되었을 것입니다. 어쩌면 마르크스주의 아래서 오히려 확대됐을지도 모릅니다. 물론 암암리에 행해지겠지만, 정부 당국도 기독교와는 달리 샤머니즘에 대해서는 눈감아 주었을 것입니다. 마르크스주의는 기독교를 위협적인 존재로 봅니다. 기독교는 정의를 추구하는 성향이 있기 때문입니다. 그러나 샤머니즘에 대해서는 현실적으로 위협으로 간주하지 않습니다. 왜냐하면 샤머니즘에는 윤리적 이상이 없고 단지 기도와 제사로 복을 구하려는 것뿐이기 때문입니다.

남한의 기독교인 중에도 이런 샤머니즘 정신을 가진 사람들이 많습니다. 그들은 기도와 금식, 교회 출석을 통해 복을 받기 원합니다. 이런 사람들은 성경의 하나님이 샤머니즘의 잡신들보다 훨씬 크다고 생각하며, 기독교인들은 좋은 것을 얻어 내는 온갖 비책을 알고 있다고 생각합니다. 우리가 이런 식의 기독교를 들고 북한에 가면 반기는 이들이 있겠지만, 그것은 잘못된 이유로 인한 것입니다. 이런 신앙은 결코 사람의 마음을 바꾸지 못하고, 오로지 그들의 이기심만 확인시켜 줍니다. 우리는 남한의 개인주의가 북한의 전체주의보다 낫다고 자부하지만, 실은 똑같은 겁니다. 자기를 섬기고 탐욕스럽다는 점에서 마찬가지입니다. 진정한 정의와 자비를 해치고, 하나님과 겸손히 동행하는 것과는 아무런 관련이 없으니까요.

북한의 전체주의와 남한의 무책임한 개인주의를 연결해 줄 중간 지대가 있을까요? 있습니다. 성경에 나오는 코이노니아 현상입니다. 코이노니아에서 가장 중요한 말은 '서로서로'이고, 이 말은 성경 전체를 통해 계속 되풀이됩니다. 우리는 서로 사랑하라고 명령받았고, 이것은 아주 현실적으로 나타나야 한다고 분명히 들었습니다. 우리는 현실적인 짐이든 심리적 짐이든 아니면 영적인 짐이든 서로의 짐을 져야 합니다. 남한의 교회가 코이노니아를 실제로 행하게 되면, 북한 '공산주의'의 진짜 근원이 무엇인지 보여 주게 될 것입니다. 그러면 그들은 공산주의는 사실이 코이노니아를 본뜬 조잡한 가짜 모조품에 불과하다는 걸 알게 되겠지요. 코이노니아가 무엇인지 이해할 수 있게 은혜를 달라고 기도합시다. 그리하여 우리 기독교인들 사이에서 이를 실행할 수 있는 방법을 찾게 해달라고 구합시다. 이를 이룰 때 우리는 북한 동포와 부끄러움에 고개를 숙이지 않고 얘기를 나눌수 있을 것입니다.

코이노니아

통일논단, 1993.

지난 호에는 '코이노니아'에 대해 살짝 언급만 하고 넘어가야 했습니다. '코이노니아'는 신학교에서 가르치는 주제도 아니고, 성경에도 통상적인 용어로 잘못 번역되어 있기 때문에 '코이노니아'에 대해 정확하게 알고 있는 사람은 극소수에 불과합니다. 한국어나 영어, 심지어 중국어에서도 '코이노니아'를 한마디로 나타내는 말은 없습니다. 따라서 개인주의와 자본주의를 대체할 수 있는 개념으로서 이 말을 공부하는 것은 정말 중요합니다. 우선, 영어와 대부분의 유럽어에서 '공산주의'(communism)라는 말은 기독교 용어인 '교제'(communion)와 밀접한 관련이 있습니다. '교제'는 코이노니아 번역의 대표적인 예입니다. 'communion'이라는 말은 라틴어에서 왔고 'koinonia'라는 말은 그리스어에서 왔습니다. 사도신경에서 우리는 "성도가 서로 교통(communion)하는 것을 믿는다"고 고백합니다. 그리고 오래된 영어 성경에는 고린도후서 13장 13절이 "주 예수 그리스도의 은혜와 하나님의 사랑과 성령의 교통하심(communion)"이라 기록되어 있습니다. 최후의 만찬도 그리스도의 보혈과 몸의 '교제'(communion)라고 언급되고 있습니다. 이는 모두 그리스어 '코이노니아'에서 왔습니다만 한국어 성경에는 각각 다르게 번역되어 본래 의미가 희석되었습니다. 영어 성경에서도 '코이노니아'에 대한 언급은 각각 다르게 번역되었습니다. 사실 '코이노니아'와 그에 관계된 말은 성경에 74번이나 나오는데 영어 성경이나 한국어 성경의 고전적인 번역본에는 17개의 다른 단어로 번역되고 있습니다. 중국어 번역본에는 23개의 단어가 사용되었습니다.

번역이 혼동되어 있기 때문에 우리는 이 말이 진정으로 의미하는 바가 무엇인지 이해해야 할 뿐만 아니라 신학자들이 왜 만족할 만한 번역을 하지 못했는지 (혹은 하지 않았는지) 알아야 하겠습니다. 우선 코이노니아라는 말의 원래 의미와 통상적으로 사용되는 용법을 구분해 보겠습니다. 제가 신학대학원에 다닐 때 학교에서는 코이노니아라는 말은 성경에만 나오는 표현이라고 가르쳤습니다. 저는 어리석게도 3년 전까지 그렇게 믿었습니다. 제가 그러한 사실에 의문을 가지고 확인해 보니 코이노니아라는 말은 그리스 문학 전반적으로 자주 쓰여 왔고, 적어도 1,000년 동안 그 의미가 변하지 않았다는 사실을 알게 되었습니다. 세속적인 그리스 문학에서 코이노니아라는 말은 상호 간의 헌신과 책임, 일생 동안의 헌신을 전제로 하는 관계에 사용되었습니다. 또 부부나 친형제자매(사촌은 포함되지 않음) 관계, 사업상 신뢰를 맹세한 파트너, 군사동맹을 맺은 두 왕, 위기 상황에 반드시 도와주겠다는 맹약을 한 사이에 사용되었습니다. 그리고 약탈물뿐 아니라 책임도 같이 나누어 경찰로부터 서로를 보호하고 피를 흘리지 않고는 이탈할 수 없는 갱(Gang)의 관계에 사용되는 말이 코이노니아입니다. 한국말에는 이러한 개념을 한마디로 표현할 수 있는 단어가 없습니다. 우리는 이러한 표현으로 '상통' '교통' 혹은 '사귐' '교제'라는 말을 사용하지만 원래의 의미가 없거나 약하기 때문에 적절한 단어가 아닙니다. 같은 맥락에서 '공산'이라는 말도 코이노니아와는 거리가 먼 말입니다. 영어로 '커뮤니티'(community)라고 불리는 '지역사회'도 코이노니아와는 거리가 있습니다. '커뮤니티'의 또 다른 해석이라고 할 수 있는 '공동체' 역시 코이노니아와 상당히 가깝지만 꽤 거리가 있는 것이 사실입니다.

여러분 중에는 "좋아요. 세속적 그리스어에서 코이노니아가 뜻하는 바는 알겠습니다. 그럼 성경에서는 어떤 의미로 사용되고 있지요?"라고 질문하는 분들이 있을 것입니다. 초대교회 성도들에게는 유일한 성경이었던 구약성경에서도 코이노니아는 동맹 관계, 결혼, 동업, 갱 집단을 표현하는 말로 사용되었습니다. 복음서에서도 동일한 의미로 사용되었지요. 사도행전에 와서야 코이노니아라는 말에는 다른 차원의 의미가 더해졌습니다. 바로 성령의 코이노니아입니다.

사도 바울은 성령의 코이노니아가 은혜와 사랑과 같은 차원에 있는 진리의 본질적 요소처럼 말했습니다. 그는 은혜는 예수님의 역할이고 사랑은 성부 하나님의 역할, 코이노니아는 성령의 역할이라고 간주한 것으로 보입니다. 성령의 코이노니아라는 말이 언제 처음으로 등장합니까? 직접적으로 가장 먼저 언급된 것은 사도행전 2장 42절입니다. 이 구절을 번역하는 것은 그리 쉬운 일은 아닙니다. "그들은 사도들의 가르침과 사도들의 코이노니아에 전념하였다"라고 번역할 수도 있고 "그들은 사도들의 가르침과 코이노니아에 전념하였다"라고 번역할 수도 있습니다. 그러나 어느 것이든 사도들의 코이노니아 혹은 단순히 코이노니아가 이미 존재했다는 것은 분명합니다. 만약 그렇다면 그것은 언제 시작되었습니까? 예수님이 부활하신 날 예수님은 사도들에게 숨을 불어넣어 주시면서 "성령을 받으라"(요 20:22)고 말씀하셨습니다. 그들은 성령의 능력을 받지는 못했지만 성령의 코이노니아는 받았습니다. 그때부터 그들은 한마음 한뜻이 되었습니다.

탐욕은 우상숭배

통일논단, 1994.

사람들은 김일성의 죽음을 보고 하나님께서 교회의 회개를 받으신 것이 아니냐고 묻곤 합니다. 그의 죽음은 하나님께서 우리에게 자비를 베풀고 계시며, 우리를 위해 위험을 제거하시고 변화의 길을 열어 주심을 의미한다는 것입니다. 그러나 우리가 힘써 기도하지 않는다면 과거보다 나아지는 것은 아무것도 없을 것입니다.

그러면 우리는 무엇을 기도해야 할까요? 우리는 김정일이 '주체'라는 말의 의미를 바꿀 수 있기를 기도해야 합니다. 그는 자기 아버지를 모욕하지 않으면서 그 말을 완전히 없애지는 못할 것입니다. 그러나 그 말의 뜻을 바꾸는 것은 가능합니다. 주체라는 말은 북한이 경제 부문의 투자와 개발을 위해 남한과 협력할 수 있다는 뜻으로 재해석되어야 합니다. 이런 방향의 움직임들이 간간이 있었습니다. 이제는 우리가 북한의 체면을 손상시키지 않으면서 그들에게 투자, 고용, 경제적 도움을 제공할 수 있도록 간절히 기도해야 합니다. 우리는 통일을 너무 빨리 진전시키려 해서는 안 됩니다. 그렇지 않으면 베를린 장벽이 무너진 뒤 독일이 겪은 것보다 훨씬 더 나쁜 상황에 직면하게 될 것입니다. 여러 해가 지났지만 여전히 동독과 서독의 차이가 통일독일에 큰 문제로 남아 있습니다. 만약 우리가 비무장지대를 하루아침에 없애 버리려 한다면 우리는 더 큰 문제에 봉착하게 될 것입니다. 전에 말했듯이, 그것은 엄청난 충격으로 댐이 무너져 내려 계곡으로 많은 물이 흘러 홍수가 나는 것과 비슷할 것입니다.

우리는 하나님께서 김정일과 그의 참모들을 올바른 방향으로 이끌어 주시기를 간절히 기도해야 합니다. 또한 우리는 남한을 위해서도 간절히 기도해야만 합니다. 우리는 아직 충분히 회개하지 않았습니다. 우리에게 주신 하나님의 말씀은 성도가 회개해야 한다는 것이었습니다. 하나님은 창조주이시므로, 우연히 일어나는 일은 하나도 없습니다. 우리가 지금 겪고 있는 심각한 가뭄은, 아합과 이세벨 시대에 하나님께서 이스라엘 백성에게 말씀하셨듯이, 하나님께서 우리에게 무언가를 말씀하시고자 하는 것입니다. 아합은 여호와를 믿었지만 바알을 섬기던 아내 이세벨이 자기를 마음대로 주장하도록 허락하였습니다. 오늘날 많은 기독교인들이 공직에 있고 정부의 높은 자리에 있지만, 이들은 무신

론적 인본주의자들에게 제멋대로 끌려다닙니다. 특히 땅 투기와 땅의 소유로 엄청난 재산과 권력을 얻은 거대 지주들에 의해 형편없이 끌려다닙니다. 하나님의 관점에서 볼 때, 땅을 '소유'하는 것은 바알을 섬기는 일일 뿐 아니라, 합법적인 도적질입니다. 국회에서 기독교인들이 생산과 건축에 대한 세금은 줄이고, 땅에 대한 세금(이것은 사실 땅의 원주인에게 주는 임대료로, 원주인인 국민에게 지불하는 것입니다)을 대폭 늘리지 않는 한, 우리 경제는 미국이나 유럽의 경제처럼 서서히 무너져 갈 것입니다.

ʹ하나님은 탐욕이 우상숭배라고 말씀하셨습니다. 그러나 교회가 탐욕을 회개하는 징조는 거의 보이지 않습니다. 우리는 낙태에 관한 회개가 점점 늘어나는 데 대해 하나님께 감사드립니다. 그러나 아직 시작에 불과합니다. 역대하 7장 14절 말씀을 기억해 보십시오. "내 이름으로 일컫는 내 백성이 그들의 악한 길에서 떠나 스스로 낮추고 기도하여 내 얼굴을 찾으면 내가 하늘에서 듣고 그들의 죄를 사하고 그들의 땅을 고칠지라." 악한 길은 무엇을 말하는 것입니까? 외도, 결혼의 파괴, 아내에게 폭력적인 남편과 남편보다 목사에게 더 복종하는 아내, 그리고 계속되는 거짓으로 지탱되는 이 모든 것. 믿지 않는 남편에게 거짓말하는 '크리스천' 아내, 믿지 않는 부모에게 거짓말하는 '크리스천' 아이들, 진리를 조금도 중요시하지 않는 교회 안의 일반적 태도! 하나님은 진리이시기에, 사업에서든 정치에서든 교회생활에서든

그 어떤 형태의 거짓말도 모두 악한 것이며 하나님의 축복을 받을 수 없습니다. 공무원 사회에서 뇌물에 대한 주목할 만한 회개가 있긴 하지만, 아직도 갈 길이 멉니다. 분노에 대해서는 어떠합니까? 우리는 매일 "우리가 우리에게 죄 지은 자를 사하여 준 것같이 우리 죄를 사하여 주옵시고"라고 기도합니다. 진정 우리는 우리에게 상처 준 사람들, 부모나 나쁜 친구나 민족의 적 혹은 내 마음에 분을 품게 한 누군가를 용서하고 있습니까? 우리가 다른 사람들을 용서하기 시작할 때, 하나님은 우리를 용서하시고 우리 땅을 고치실 것입니다.

샤머니즘

통일논단, 1994.

사람들은 샤머니즘이 한국의 전통적인 종교라고 생각하는데, 샤머니즘은 세계 모든 나라에서 다양한 형태로 찾아볼 수 있습니다. 진화론자들은 샤머니즘이 유교나 불교 또는 어떤 형태의 유일신교보다 원시적이므로 가장 먼저 생겨난 것이라 추정합니다. 그러나 창조론자들은, 만물은 쇠퇴하고 식어 가고 무질서해지기 쉽다는 물리학의 법칙이 영적 영역에도 적용된다는 것을 알고 있습니다. 모든 민족은 원래 창조주 하나님에 대해 알고 있었습니다. 한국에서는 그분을 하느님이라 불렀고, 중국에서는 천(天) 혹은 상제(上帝)로, 이스라엘에서는 엘로힘 혹은 여호와로 알려졌습니다.

문제는 하나님은 능력 있고 정의로우며 율법으로 다스리고 타협하지 않는 분이시라 하나님의 법을 싫어하는 사람들의 기도는 듣지 않는다는 사실을 사람들이 알고 있었다는 점입니다. 이 것을 모르는 나라는 없었습니다. 다만 하나님의 율법을 지키고 싶지 않거나 지킬 수 없었던 사람들은, 하나님과 함께하는 건 무익하다는 결론을 내리고, 좀 더 쉬운 것을 요구하는 낮은 신을 찾아 나선 것입니다.

그런 잡신을 찾는 것은 어려운 일이 아니었습니다. 잡된 영들은 사람들을 속이려고 기다리고 있었으니까요. 그들은 타락한 천사 혹은 마귀들입니다. 한국과 마찬가지로, 그리스적 사고에서 귀신(demon)이라는 말이 꼭 나쁜 뜻으로 쓰이는 것은 아닙니다. 귀신은 단지 작은 신(minor gods)을 뜻할 뿐이었지요. 그런데 그리스도인들이 이 작은 신이 사탄의 부하들이라는 사실을 깨달으면서 '귀신'에 나쁜 뜻이 들어가게 되었습니다. 샤머니즘은 포괄적인 용어로, 하나님께 접근하는 것은 불가능하다(보통 그렇지요)는 가정 아래 (산이나 호수, 샘, 나무 따위에 산다고 여기는) 잡신을 이용해 기도 응답을 받으려는 모든 형태의 노력을 포함합니다. 복음은 이제 우리가 하나님께 나아갈 수 있게 되었고, 더 이상 이러한 영들이 필요치 않다는 것입니다. 하나님이 훨씬 더 능력 있습니다. 게다가 우리를 사랑하십니다!

그런데 어떻게 하나님께 다가갈 수 있게 되었습니까? 예수께서 십자가에서 죽으시고 부활하심(사탄의 권세를 무너뜨림으로써 모든 잡신의 권세도 무너뜨림)을 통해서입니다. 예수님은 하늘로 올라가 하나님 바로 우편에 앉아 계시면서 하늘로부터 성령을 보내시어 우리가 (예수의 이름으로) 구하기만 하면 성령이 우리 마음에 들어오셔서 우리로 하여금 하나님의 뜻을 행하고 싶게 하시고, 또 하나님과 교제할 수 있게 해주십니다. 우리에게는 이제 무당이 필요치 않습니다. 우리는 누구나 하나님과 인격적 교제를 나눌 수 있습니다.

모든 '그리스도인'이 이러한 하나님의 계획을 좋아하는 것은 아닙니다. 아직도 어떤 이들은 자기 자신의 독자적인 길을 원하고, 하나님으로 하여금 자기가 원하는 걸 들어주게끔 하는 어떤 기술을 찾고 싶어 합니다. 이것은 샤머니즘 정신(기복신앙)입니다. 사람들은 잡신을 사랑해서 그들에게 제물을 바치는 게 아닙니다. 무엇인가를 얻어 내기 위해 제사를 드립니다. 때로는 이러한 과정에서 이 영들에게 속박되어, 잡신으로부터 얻어 내고 싶은 것이 전혀 없음에도 단지 고통스럽지 않게 해주는 대가로 계속 제물을 바치고 제사를 지내야 하기도 합니다.

이러한 샤머니즘적 사고방식을 깨뜨리는 열쇠는 사랑입니다. 우리가 하나님을 사랑하고 그분이 보내신 성령을 받아 이웃을 내 몸과 같이 사랑하게 된다면, 우리의 기도는 그저 '아버지의 뜻이 땅에서 이루어지이다'가 될 것입니다. 그러면 무슨 금식이다, 특별 예배다, 40일기도다 등등의 특별한 방법을 동원하지 않아도 우리 기도를 들어주실 것입니다. 금식이나 40일 기도 등을 우리의 영성을 강화하고 더욱더 성숙에 이르게 하기 위한 영적 훈련으로 삼는다면 좋은 일이지만, 하나님에게 무엇을 강요하기 위한 방법이라면 그것은 샤머니즘적인 것입니다. 형식은 샤머니즘이 아니지만 정신은 샤머니즘인 것입니다. 참다운 그리스도인의 마음 자세는 하나님의 뜻을 행하려는 열망, 즉 하나님의 뜻이 무엇이며 어떻게 그 일을 이룰 수 있는지를 찾아내려는 모습입니다. 샤머니즘적인 마음 자세는 하나님께 자신의 의지를 드리지 않고 하나님을 속여서 자신의 일을 이루어 내려고 하는 것입니다. 이 두 가지 마음 자세가 모두 오늘날 교회 안에 존재합니다.

확신하건대, 북한에서 마르크스주의로부터 원하는 것을 얻어 내지 못함에 따라 많은 이들이 샤머니즘으로 돌아설 것입니다. 우리가 북한 형제들에게, 하나님이 우주의 통치자이시며 우리를 사랑하시고 우리에게 가장 좋은 것만을 주기 원하시며 우리는 그리스도를 통해 하나님의 자녀로서 하나님께 나아갈 수 있다는 복음을 전하려 한다면, 이 말들을 좀 더 깊이 생각해 보는 게 좋을 것입니다. 만약 우리가 북한에 가서 '복음'을 전한다고 하면서 "당신이 세례를 받고, 교회에 정기적으로 출석하며, 십일조를 바치고, 금식하고 기도하면 당신이 원하는 것은 무엇이든지 얻을 수 있습니다"라고 말한다면, 그건 단지 어떤 샤머니즘을 또 다른 샤머니즘으로 대체하는 것에 불과합니다. 골로새서

3장 5절은 탐욕은 우상숭배라고 말합니다. 샤머니즘은 탐욕에 뿌리를 두고 있습니다. 진정한 기독교는 성령이 우리 안에 들어와 우리의 모든 탐욕을 비워 내고 이웃과 하나님을 섬기려는 사랑과 열망으로 가득 채워 주시는 것입니다. 이것이야말로 마르크스주의에 속임을 당하고 착취당해 비참해진 사람들에게 참다운 복음이 될 것입니다.

2부

회개와
부흥

우리가 회개해야 할 것들

신앙계-산골짜기에서 온 편지, 1997. 09.

대천덕 신부님께

일전에 친구들과 함께 예수원을 방문하여 신부님과 시간을
나누게 되어 무척 기뻤습니다. 저와 친구들은 그동안 나라를 위
해 함께 금식하며 기도해 왔습니다. 저는 단지 복음전도자일 뿐
인데 두 친구 목사를 데리고 가는 특권을 누렸지요. 거기 있는
동안 다른 사람도 만났는데, 우리 모두 똑같이 무거운 짐을 졌
더군요. 우리는 우리나라 문제로 너무나 괴롭습니다. 저희가 예
수원에 있는 동안 신부님과 나눈 이야기들을 다시 한 번 말씀해
주시겠습니까?

주 안에서 형제 된 정성길 올림

정 형제님께

형제님이 예수원을 방문하여 이 나라를 위한 기도에 동참해 주셔서 정말 기뻤습니다. 형제님처럼 우리도 무거운 짐을 깊이 느낍니다. 우리가 직면한 문제는 극복할 수 없는 것처럼 보입니다. 사실 우리 기도에 대한 응답으로 하나님의 기적적 개입이 일어나지 않는 한 이 문제들은 풀리지 않을 것입니다. 하나님의 초자연적 능력이 없다면, 우리 앞에는 재난만 있을 뿐입니다.

그러나 하나님은 우리에게 희망을 주고 계십니다. 역대하 7장 14절에 "내 이름으로 일컫는 내 백성이 그들의 악한 길에서 떠나 스스로 낮추고 기도하여 내 얼굴을 찾으면 내가 하늘에서 듣고 그들의 죄를 사하고 그들의 땅을 고칠지라"고 말씀하십니다. 하나님은 이 땅이 어떤 종류의 재난에도 처하지 않기를 바라십니다. 하나님은 이 땅을 고치기 원하십니다. 특별히 남북한의 오랜 분단과 그에 따른 불행한 쓰라림과 분노는 우리 주님께도 큰 짐이며, 주님께서 고치기 원하시는 것입니다. 그러나 우리가 고침 받기 위해서는 먼저 회개하고, 우리 길에서 떠나 하나님의 얼굴을 구해야 합니다.

오늘날, 하나님의 얼굴을 구하는 일은 매우 중요합니다. 이 일에는 반드시 회개와 변화가 따라야 합니다. 우리 자신도 변해야 하는데 이는 어려운 일입니다. 이러한 조건들을 하나씩 살펴보도록 합시다. 우리는 먼저 하나님의 얼굴을 구하며 우리 자신을 위한 기도와 나라 전체를 위한 기도에서 시작해야 합니다. 믿지 않는 사람을 위해 '하나님을 떠나서는 어떤 선한 일도 할 수 없다'는 걸 깨닫도록 기도해야 합니다. 그들이 그토록 오랫동안 자신의 힘으로 모든 것을 하려 했던 것을 회개하고, 주님을 찾도록 기도해야 합니다. 그리고 교회가 그들을 사랑으로 받아들일 수 있도록 기도해야 합니다. 예수님의 비유에서 탕자가 집으로 돌아왔을 때, 아버지가 그 아들을 반겨 준 것처럼 우리도 하나님을 알기 위해 나아오는 새로운 사람들을 반갑게 맞이해야 합니다. 우리 자신의 모든 오만과 자만을 버리고, 그들을 반기며 사랑하는 마음을 달라고 기도해야 합니다.

우리는 또한 교회가 사람들에게 하나님의 길을 따르도록 설득하지 못한 것과 파수꾼의 역할을 다하지 못한 것을 깨닫고 인정하도록 기도해야 합니다. 에스겔은 만일 하나님이 파수꾼을 세우셨는데 그 파수꾼이 나팔을 불지 않아 백성이 망했다면, 그 책임을 파수꾼에게 물으실 것이라고 말합니다. 우리나라 교회는 나팔을 불지 못했고, 대부분의 사람들은 진짜 문제가 무엇인지 모르고 지내는 것 같습니다. 무언가 잘못되었다는 것은 아는데, 무엇이 옳은지 말해 줄 파수꾼을 만나지 못해 잘못된 해결책을 찾고 있습니다. 우리는 교회가 파수꾼의 역할을 받아들이도록 기도해야 하며, 오로지 하나님 말씀을 연구하는 데 오랜 세월을 바친 성직자들이 나팔을 불어 민족에게 경고하는 파수꾼의 노릇을 잘할 수 있도록 기도해야 합니다.

우리는 무엇을 회개해야 할까요? 예수님은 "먼저 하나님의 나라와 그의 의를 구하라"고 말씀하셨습니다. 우리는 예배, 교회 출석, 십일조 바치기 같은 것을 우리나라에 대한 하나님의 통치와 하나님의 정의보다 앞에 두었습니다. 우선순위를 뒤바꾼 겁니다. 예수님은 십일조에 대해 "그러나 이것도 행하고 저것도 버리지 말아야 할지니라(눅 11:42)"고 말씀하시면서 '믿음'과 '자비'를 언급하셨습니다.

예수님이 '믿음'이라고 하신 건 무슨 뜻일까요? 예수님은 무엇보다 신뢰할 수 있는 것, 자기가 한 말을 지키는 것, 즉 절대 거짓말을 하지 않는 것에 대해 말씀하십니다. 현대의 문화는 거짓말의 문화가 되었습니다. 정치가는 선거에 당선되기 위해 거짓말을 하고, 신문은 광고주를 즐겁게 하기 위해 거짓말을 합니다. 텔레비전은 시청자를 더 끌기 위해 거짓말을 합니다. 오늘날 거짓말은 아주 정상적인 것으로 당연하게 여겨집니다. 그러나 진실과 신용이라는 기초 없이는 건강한 사회가 될 수 없습니다. 만일 제가 누구를 믿어야 할지 혹은 무엇을 믿어야 할지 모른다면, 몹시 불안해져서 어느 방향으로 가야 할지도 모르게 될 것입니다. 이 문제는 사업계에도 영향을 미쳐, 사람들은 대출상환능력과 담보에 대해 은행에 거짓말을 합니다. 사업을 하기 위해 돈을 빌리는 일은 사업 활동의 정상적인 부분입니다. 그러나 이것이 잘못된 근거에 의해 이루어지게 되면 우리 재정구조의 기반이 위태로워집니다. 동시에, 이자율에 대한 문제가 있습니다. 하나님은 이스라엘 백성에게 어떤 종류의 이자도 받지 말고 가난한 사람들에게 돈을 빌려 주라고 명령하셨습니다. 은행이나 신용조합이 파산하지 않고 사업을 계속할 수 있을 정도의 수수료를 받을 수는 있습니다. 그러나 만약 돈을 빌려 주는 힘을 이용하여 어떤 사람을 부유하게 만든다면, 이것은 고객의 돈을 착취하는 것이며 하나님의 법을 어기는 일입니다. 우리는 재정 문제에서 가난한 사람들과 일상적 사업 모두를 위해 나팔을 불어야 합니다.

우리가 나팔을 불어야 할 영역이 또 하나 있는데 그것은 성적(性的) 관계의 영역입니다. 대중매체, 특히 텔레비전의 영향은 우리의 가치관과 도덕을 파괴해 왔습니다. 쉽게 이혼하는 것이 '정상'이 되어 버렸습니다. 이제 결혼 서약을 그다지 심각하게 생각하지 않습니다. 여러 대(代)가 가까이 살아가는 한국의 전통 가족 제도는 시대에 맞지 않는 것이 되어 버렸습니다. 그러나 성경은 바로 이러한 가족 제도가 정상적이라고 말합니다. 오늘날 불행한 결혼생활은 그 관계를 파기할 직접적인 사유로 여겨집니다. 그러나 사실, 역사상 위대한 인물로 꼽히는 이들 중에 결혼생활이 매우 불행했음에도 끝까지 아내에게 충실한 경우가 있습니다. 요즘 그런 사람들은 어리석다고 여겨집니다. 그들은 어리석은 것이 아니라, "간음하지 말지어다" 그리고 "네 이웃의 아내를 탐내지 말지어다"라는 하나님의 계명을 지키고 있는 것입니다. 또한 건전한 사회의 기초인 건전한 가족 제도를 위해 "네 부모를 공경하라"는 말씀을 강조할 필요가 있습니다.

그러나 텔레비전 산업은 성적 풍미가 더해진 이야기를 사람들이 좋아한다는 사실을 알고, 고의적으로 하나님의 뜻에 거스르는 이야기와 장면으로 스크린을 가득 메우고 있습니다. 대부분의 텔레비전 프로그램이 악한 내용일 뿐 아니라 거의 시간 낭비이며, 사람들이 텔레비전 앞에 앉아서 보내는 시간은 하나님으로부터 도적질한 시간입니다. 그 시간은 기도와 성경공부, 그리고 우리 이웃을 섬기고 하나님께로 인도하는 데 쓰여야 할 시간인 것입니다. 일생 동안 우리가 이룰 수 있는 훨씬 더 창조적이고 건설적인 일들이 있는데 텔레비전을 보면서 시간을 낭비하느라 이를 게을리한다면 우리 주님의 얼굴을 대면하게 될 때 이에 대해 답변해야 할 것입니다.

텔레비전은 두 가지 명백한 방법으로 하나님의 법을 훼손하고 있습니다. 먼저 돈을 벌고 쓰는 데 집중하게 해 돈이라는 신을 하나님으로 만들어 버렸습니다. 둘째로, 성에 대해 강조함으로써 사람들을 미혹하여 기혼자들은 배우자에게 충실한 것을 구식으로 여기며, 젊은 사람들은 자유연애를 통상적인 것으로 생각하게 되었습니다. 발람이 하나님으로 하여금 이스라엘 백성을 저주하도록 설득하는 데 실패하자 그는 이스라엘 백성을 성적 부도덕에 빠지게 하여 그들 스스로 하나님의 저주를 불러들이게 했습니다. 오늘날 우리나라에 널리 퍼진 성적 부도덕은 우리를 멸망시켜 달라고 하나님을 초대하는 것입니다. 우리는 나팔을 불어 이를 경고해야 합니다.

우리가 회개하고 돌이켜야 할 또 하나의 문제는 부모 모두가 사업을 하거나 공장에 다니며 너무 많은 일을 하고 있다는 것입니다. 한 사람만의 수입으로는 가계를 꾸리기 어렵기 때문에 간혹 어쩔 수 없는 경우도 있지만, 많은 경우 아내가 집에서 아이들과 지내는 것이 지겨워서 세상에 나가 사람들과 어울리고, '내 것'이라고 할 수 있는 돈을 벌어 생활수준을 높이고 혼자 벌면 살 수 없을 호화로운 사치품을 사기 위해 직장을 갖습니다. 사치품에 대한 욕망은 텔레비전에 의해 생겨나곤 합니다. 이 경우 아이들은 탁아소나 유치원에 보내지고 가정에서 어머니의 관심과 사랑을 받지 못하게 됩니다. 그런 아이들은 사랑에 굶주려 자라게 되고 아동기에 심리적 문제가 발생하게 됩니다. 많은 성적 부도덕 배후에 있는 정서적 문제는 바로 어머니의 소홀함과 아버지의 무관심 속에서 사랑에 굶주린 상태로 자라난 아이들과 관련되어 있음을 알게 될 것입니다.

이는 저임금 문제와 연결되어 있습니다. 우리는 사람들이 살아가기에 충분한 임금을 지급하지 않은 걸 회개해야 합니다. 우리나라는 임금 문제에 관해 실로 곤경에 처해 있습니다. 가족에게 편안한 삶을 제공할 수 있을 만큼의 충분한 급여를 지불한다면, 그것은 생산품의 가격을 높이게 될 것이고 국제시장에서 경쟁력을 잃게 될 것입니다. 반면, 다른 나라의 임금 수준으로 급여를 낮춘다면 한 사람의 수입으로는 가계를 꾸려 나갈 수가 없어 아내도 직장을 가져야 할 것입니다. 이런 상황 이면의 근본적 문제를 이해하는 사람은 거의 없습니다. 토지의 문제입니다. 한국은 전 세계에서 가장 땅값이 비싼 나라 중 하나로 꼽힐 만큼 땅값이 엄청납니다. 땅값은 모든 종류의 사업에 영향을 미칩니다. 어떠한 사업도 땅 없이는 존재할 수 없고, 모든 사업에서 땅값 또는 토지 임대료가 큰 부분을 차지합니다. 하나님이 이 문제에 대해 해답을 주셨는지 알아보고, 우리가 그의 법을 불순종하고 있지는 않은지 돌아보십시다.

레위기 25장에서 하나님은 토지와 인간관계에서의 정의에 관련된 기본법을 제정하십니다. 정의는 '토지는 하나님께 속한 것이며 사람이 만든 물품처럼 사거나 팔아서는 안 된다'는 사실에 근거를 두고 있습니다. 토지를 축적하여 토지 가격을 올리는 것을 허용하는 우리나라의 법은 여호와나 예수님의 법이 아니라 바알의 법*입니다. 예수님은 율법과 선지자를 완성하기 위해 오셨다고 말씀하셨습니다.

우리가 토지법을 완수하고 선지자들이 요구했던 정의와 같은 기초를 세울 수 있을까요? 물론입니다! 어렵지 않습니다. 정부가 토지에 임대료를 부과할 수 있습니다. 이를 토지가치세라 부르기도 합니다. 나라의 모든 땅은 하나님께서 우리에게 주신 것이며 그것을 사용하는 모든 사람은 어떤 개인이 아닌 국민 전체에게 임대료를 내야 한다는 사실을 인식하기만 하면 됩니다. 실제로 복잡한 토지개혁처럼 토지 문서나 규칙을 바꿀 필요가 없습니다. 정부가 국민을 위해 임대료를 걷으면 당장 땅값이 내려가 누구든 사업에 필요하면 적절한 값으로 땅을 쓸 수 있게 될 것입니다.

반면 지금은 땅값 때문에 집값이나 사업 비용이 배로 들어 노동자에게 제대로 된 임금을 지불하기가 매우 어렵습니다. 정부가 일단 '토지가치세' 또는 '토지 임대료'를 징수하기만 하면, 사

---

*대천덕 신부의 글 전체에 나타나는 '바알의 법'과 이와 비슷한 표현들은 열왕기상 21장에 나오는 나봇의 포도원 사건에서 유래한다. 북이스라엘 왕국에 오므리 왕조를 세운 오므리 왕의 아들 아합 왕은 악명 높은 이세벨을 왕비로 맞는데, 이세벨은 시돈의 페네키아 왕 엣바알의 딸이다. 레위기 25장에 상세히 기술된 성경의 법에 따르면, 모든 이스라엘 백성은 이스라엘의 하나님 야훼로부터 저마다 땅을 상속받는다. 이 땅은 원래 야훼의 것이다. 그들은 야훼로부터 받은 이 땅을 영구히 팔 수 없다. 일정 기간 남에게 빌려 줄 수는 있는데, 결국 그 소유권은 원래 할당된 주인 가족이나 부족에게로 돌아가야 한다. 페네키아의 신 바알을 숭배하던 이세벨의 관점은 전혀 달랐다. 이세벨과 바알 법에 관한 한, 왕은 자기가 원하는 땅은 어디든지 가질 수 있었다. 특히 범죄자로 처형되어 몰수된 땅이라면 더욱더. 이세벨에겐 야훼의 소유권이라는 개념이 전혀 없었다. 이세벨은 나봇을 거짓 죄를 뒤집어씌워 돌로 쳐 죽이고 아합에게 포도원을 가지라고 했다. 이 행위와 이 행위로 인해 페네키아의 바알 법 체제가 들어오게 된 것으로 말미암아 이스라엘의 선지자들은 이세벨뿐만 아니라 아합과 오므리 왕가 전체를 통렬히 비난했다.

업 비용이 낮아지고 적절한 임금을 지불할 수 있을 것입니다. 이 제도는 미국의 여러 도시(미국의 토지세는 연방정부가 아니라 지방자치정부가 징수합니다)뿐 아니라 대만, 홍콩, 그리고 싱가포르에서 실시되고 있습니다.

우리가 회개해야 할 많은 일 중에서 가장 큰 죄악은 어쩌면 바알의 법을 따르면서 사람들을 위해 토지 임대료를 걷지 못한 일인지도 모릅니다. 이에 따라 다른 악이 많이 일어나는데, 낮은 임금과 낮은 이윤도 그 예입니다. 이는 투자를 감소시키고 실업률을 증가시켜 경제공황을 초래합니다. 게다가 일하는 사람들은 직업을 찾지 못한 사람들을 직간접적으로 부양하느라 막대한 부담을 갖게 됩니다.

우리나라의 경우, 남한 방식으로 통일된다면 남한의 지주들이 북한으로 몰려가 땅을 사고 관리하여, 북한에는 부유한 남한 지주가 소유한 공장이나 농장에서 일하는 저임금 노동자만 남게 될 것입니다. 북한은 이렇게 될까 봐 두려워하고 있습니다. 북한이 남한을 두려워하는 것은 놀라운 일이 아닙니다. 그들이 두려워하는 것은 우리의 전쟁 무기가 아니라 우리 식의 평화입니다! 우리는 이런 일이 전 세계에서 일어나고 있는 것을 볼 수 있습니다. 국제통화기금(IMF)이나 세계은행(World Bank)이 어떤 저개발국가를 경제적으로 자립하도록 도와주어야 한다고 주장하는데 실제로 일어나는 일은 세계은행을 소유하거나 관리하는 외국인들에게 땅을 팔아 그들의 배를 불려 주는 일입니다. 그들은 땅을 팔아넘기면서 자유도 잃게 됩니다. 땅 없이는 자유도 없기 때문입니다. 이곳 남한에서 하나님이 명령한 토지임대제도를 세우는 데 방해가 될 장애물은 아무것도 없습니다. 이 토지임대제도는 우리의 회개의 증거물이 될 것입니다.

우리가 회개하고 돌이켜야 할 또 하나의 죄악이 있습니다. 학교와 대학에서 널리 가르치는 진화론이 바로 그것입니다. 이 악하고 비과학적인 가르침은 우리 기독교 대학에도 슬금슬금 들어왔습니다. 진화론은 이 세상에서 일어나는 모든 일이 하나님의 역사에 의해서가 아니라 단지 우연히 일어났다고 가르침으로써 하나님에 대한 우리 젊은이들의 믿음을 위태롭게 할 뿐만 아니라, 도덕의 기초를 침식시켜 왔습니다. 만약 우리가 짐승으로부터 진화되어 왔다면 우리는 단지 짐승에 불과하며, 그러니 짐승처럼 살지 말아야 할 이유도 없습니다.

대학에서 확고하며 당연하게 여겨지는 진화론적 사고가 오늘날 우리가 도덕을 잃게 된 근본적 원인 가운데 하나입니다. 성적 순결이라든가 결혼생활의 충실함, 모든 관계에서 진실을 말해야 하는 등의 도덕적 규약이 다 무너졌습니다. '적자생존'은 실제로 '가장 잔인한 자의 생존'을 뜻하며, 하나님을 믿는다거나 하나님의 도덕 법칙을 받아들이는 '어리석음'에 '빠지지' 말고 오직 부와 명성과 권력을 추구하기 위해 삶의 모든 면에서 철저히 이

기적이고 부도덕하게 행동하는 게 가장 현명한 일이라는 걸 뜻합니다. 성경은 이 세상의 지식이 하나님께는 어리석음이라고 말합니다. 세상 지식은 사회의 파괴부터 시작해서 결국 우리를 멸망으로 인도합니다. 병든 몸과 마찬가지로 병든 사회는 그 병을 고치지 않으면 죽음에 이르게 됩니다.

우리가 회개해야 할 또 하나의 끔찍한 죄악은 광범위하게 퍼져 있으면서도 처벌받지 않는, 아기를 살해하는 행위(낙태)입니다. 성경은 이를 '무죄한 피를 흘리는 것'이라 말씀합니다. 오늘날 우리나라에서는 매일 4,000명의 아기가 목숨을 잃는다고 합니다. 이는 전 세계에서 가장 높은 수치입니다. 낙태에 대해 나팔을 부는 파수꾼은 거의 없습니다. 이는 부도덕한 관계로 인해 임신한 미혼모의 문제에 국한되는 것이 아닙니다. 자녀 수를 제한하고 싶은 기혼 여성들의 문제이기도 합니다. 믿지 않는 여성뿐아니라 교회에 다니는 어머니들도 포함됩니다. 낙태는 단지 살인을 저지르는 것일 뿐 아니라 하나님 노릇을 하려는 것입니다. 오늘날 너무나 많은 여자 아기들이 낙태되고 있기 때문에 남자가 너무 많고 여자가 부족하게 되는 날이 머지않아 올 것이며, 이때는 큰 혼란이 닥칠 것입니다.

오늘날 우리 사회는 깊이 병들었습니다. 우리 국가는 병들었습니다. 그러나 하나님은 우리를 고치기 원하시며, 만약 그의 이름으로 부름 받은 우리 그리스도인들 스스로 겸비(謙卑)하고 회개하며 우리 길에서 돌이키면 하늘에서부터 우리 기도를 들으시고 우리 땅을 고쳐 주실 것입니다. 은혜를 구하고 회개합시다. 언제 나팔을 불어야 할지 알 수 있도록 지혜를 구합시다. 그리고 나팔을 불 수 있는 용기를 구합시다.

그리스도 안에서 형제 된 대천덕

정의

신앙계-산골짜기에서 온 편지, 1996. 08-09.

1. 히브리어와 헬라어 체데크(TSEDEQ)와 다이크(DIKE)

오늘 우리가 공부할 단어는 '의'입니다. 이 말은 한국 교회에서 엄청나게 자주 씁니다. 성경에도 이 말은 매우 자주 나타납니다. '의'는 유교에서도 중요한 개념입니다. 그럼에도 보통 기독교인에게 '의'가 무슨 뜻인지 설명해 보라고 하면 어려워할 것입니다! '의'는 히브리어 '체데크'(tsedeq)와 헬라어 '디카이오스'(dikaios)를 번역한 것인데, 이 두 낱말은 성경에 무려 1,100번도 넘게 나옵니다!

성경을 한국어로 번역할 때, '체데크'와 그 파생어들, 그리고 '디카이오스'와 그 파생어들이 주로 '의'로 번역되었습니다. '의' 자체는 현대적이지도 않고 일상 대화에 쓰이는 말도 아닙니다. 의는 유교 전통에서 온 것으로, 올바른 관계를 뜻합니다. 한 사람의 조상에 대한 관계라든가 가족 구성원과의 관계, 그리고 더 넓게는 공동체와 사회와의 관계에서 올바른 관계를 의라고 표현한 것입니다. 현대에는 '정의'와 '공의'라는 말을 사용합니다. 'righteousness'가 보통 한국 성경에서 '의'로 번역되고, 'justice'는 주로 '공의'나 가끔 '정의'로 번역됩니다. 이와 관련해서 우리는 몇 가지 질문을 할 수 있습니다. "원래 쓰인 낱말은 무엇이었을까?" "원래 쓰인 낱말에 어떤 중요한 개념이 있는가?" "그 원래 개념이 어떤 것인지 이해하기 위해 최소한 몇 개의 예를 찾아볼 수 있을까?" 그리고 마지막으로 "그것이 우리와 무슨 관계가 있는가?"입니다.

'체데크'와 '디카이오스' 그리고 그 파생어들이 쓰인 곳은 너무나 많아서 (이미 언급한 것처럼 1,100회 이상), 그 모든 구절을 읽어 보는 것은 상당한 작업입니다. 그러나 충분히 그럴 만한 가치가 있는 일이지요. 우리는 독자들이 그 낱말이 뜻하는 바를 알고 있다고 생각하는 대부분의 구절들도 찾아보고, 뜻하는 바를 좀 더 자세히 이해하기 위해서는 그 낱말들이 직접 쓰이지 않은 다른 구절도 찾아보아야 합니다. 이 모든 구절들을 읽어 보면 그것이 관계를 다루고 있다는 점에서, 유교의 '의'와 매우 비슷한 뜻이라는 걸 알게 될 것입니다.

성경의 '의'와 유교의 '의'가 다른 점은, 성경에서 가장 기본적인 두 가지 관계는 사람과 하나님과의 관계, 그리고 사람과 사람 사이의 관계라는 점입니다. 사람 간의 관계에는 부자와 가난한 자, 압제자와 압제당하는 자의 관계도 포함됩니다. 히브리어에서는 두 개의 사뭇 다른 단어가 종종 함께 쓰이거나 심지어 때로는 같은 의미로 쓰이는 경우도 있습니다. '체데크'와 같이 쓰이는 두 번째 단어는 '미쉬팟'(mishpat) 또는 '샤팟'(shaphat)으로서 (이 둘은 같은 어원에서 나온 말입니다), '체데크'와 관련된 실제 관계에 대해 무엇인가를 행하는 것을 가리킵니다. 헬라어 '디카이오스'는 정의와 정의를 요구하거나 행하는 것, 두 가지 개념 모두를 포함합니다.

이 개념들은 얼마나 중요할까요? 이 단어가 그토록 자주 쓰인 것으로 보아 매우 중요한 것임에는 틀림없습니다. 이 단어들은 구약과 신약에서 다른가요? '체데크'와 '디카이오스'는 서로 관련이 없으리라고 생각하기 쉽지만, 헬라어로 쓰인 구약 성경(70인역)을 읽어 보면 '체데크'가 보통 '디카이오스'로 번역된 것을 알 수 있습니다. 구약이 하나님이 정의로우신 것처럼 인간들도 정의로울 것에 대한 요구를 주로 다루고 있음을 알게 됩니다. 신약은 어떻게 인간이 변화되어 하나님처럼 정의로운 존재가 될 수 있는지에 관심을 두고 있습니다. 한국말의 '의'와 영어의 'righteousness'는 그 뜻이 모호해서, 성경을 여러 번 읽어 봐도 무슨 뜻인지 잘 모를 때가 많습니다. 한국어 번역의 경우는 어떤지 정확히 세 보지 않았지만, 400년 동안 영어 문화권을 압도적으로 지배해 온 킹 제임스 판 성경에서는 80퍼센트가 이 모호한 단어로 번역되어,

적어도 현대 영어를 쓰는 사람에게는 무의미한 말이 되었습니다. 제 컴퓨터에는 킹제임스 판 성경이 들어 있지만, 이 글에서는 '의'(righteousness)를 '정의'(justice)로 대체하겠습니다.

2. 성경은 '정의'를 요구하는가?

성경에 1,100번도 넘게 나오는 개념이라면 중요한 것이라고 추정해 볼 수 있는데, 그것이 얼마나 중요한지를 직접 말해 주는 몇 개의 구절을 찾아보도록 합시다. 먼저 마태복음 6장 33절부터 시작합니다. "그런즉 너희는 먼저 그의 나라와 그의 정의를 구하라 그리하면 이 모든 것을 너희에게 더하시리라." 이 구절은 그리스도인의 첫 번째 의무가 정의를 추구하는 것임을 분명히 명시합니다. 예수께서는 이 말씀을 하실 때 선지자 미가의 주제를 택하셨습니다. 미가 6장 8절은 "사람아 주께서 선한 것이 무엇임을 네게 보이셨나니 여호와께서 네게 구하시는 것은 오직 정의를 행하며 인자를 사랑하며 겸손하게 네 하나님과 함께 행하는 것이 아니냐"고 말씀합니다. 미가는 정의를 행하는 것이 첫 번째임을 분명히 했습니다. 이것은 예수님의 가르침과 똑같습니다. 예수님은 "너희는 먼저 그의 나라와 그의 정의를 구하라"고 하면서, 정의를 구하는 것과 하나님의 나라를 구하는 것을 결합시켰습니다. 그러면 이 두 가지 내용이 어떻게 결합되는 것일까요? 교회는 실제로 이 일을 하고 있습니까? 예수님이 승천하시기 직전에 남기신 마지막 명령과는 어떤 관계가 있을까요? 이 질문에 대답하기 전에 대표적인 성경 구절을 몇 가지 찾아봅시다. 이 구절들은 정의와 관련된 단어들이 쓰일 때 성경이 무엇을 말하고 있는지 더 잘 느끼게 해줄 것입니다.

우리가 가장 좋아하는 시편 가운데 하나가 시편 23편입니다. 그러나 우리는 이 시편이 정의를 다루고 있음을 알아차리지 못합니다. 시편 23편이 가난하고 억압받는 사람들을 대신해 나라에 정의를 회복시키시는 내용이라는 걸 알아차리지 못합니다. 시편 기자는 자신을 정의의 길로 인도하시는 하나님께 의지한다고 말합니다.

레위기 19장 15절 "너희는 재판할 때에 불의를 행하지 말며 가난한 자의 편을 들지 말며 세력 있는 자라고 두둔하지 말고 공의로 사람을 재판할지며". 여기서 우리는 정의가 불공평이 아니라 공평함을 의미함을 알게 됩니다.

잠언 21장 3절 "공의와 정의를 행하는 것은 제사 드리는 것보다 여호와께서 기쁘게 여기시느니라"에서 우리는 미가 6장 8절과 같은 것을 발견합니다(미가는 바로 그 앞 절에서 제사 드리는 것에 대해 언급하고 있습니다). 예수님은 당시 종교 지도자들에게 자비와 정의를 무시하기 때문에 그들의 제사가 무의미하다고 말했습니다. 바로 앞부분 6-7절은 이러합니다. "내가 무엇을 가지고 여호와 앞에 나아가며 높으신 하나님께 경배할까 내가 번제물로 일

년 된 송아지를 가지고 그 앞에 나아갈까 여호와께서 천천의 숫양이나 만만의 강물 같은 기름을 기뻐하실까 내 허물을 위하여 내 맏아들을, 내 영혼의 죄로 말미암아 내 몸의 열매를 드릴까." 그리고 우리가 앞서 살펴본 구절이 따라옵니다. 하나님이 원하시는 것은 제사가 아니라 정의입니다.

시편 4편 5절 "정의의 제사를 드리고 여호와를 의지할지어다"에서 우리는 제사와 정의가 하나로 연결된 것을 볼 수 있습니다. "정의의 제사를 드리고"는 미가서 6장의 "내가 무엇을 가지고 여호와 앞에 나아가며…… 사람아 주께서 선한 것이 무엇임을 네게 보이셨나니…… 오직 정의를 행하며"와 같은 것을 말하고 있는 것입니다. 예수님 말씀과 비교해 봅시다. "너희가 율법의 더 중한 바 정의와 긍휼과 믿음은 버렸도다"(마 23:23). 선지자의 가르침과 예수님의 가르침은 일치합니다. 즉 정의가 없으면 제사는 아무 쓸모가 없다는 것입니다. 만약 우리가 예수께서 우리의 죄로 희생되셨고 덕분에 우리는 죄사함을 받았다고 하면서 정의를 행할 필요가 없다고 주장한다면, 우리는 바리새인이나 사두개인과 같은 배를 타고 있는 것입니다. 정의의 제사를 드리지 않고 있는 것입니다. 아모스는 아모스 5장 11절부터 6장 6절에서, 정의가 빠져 버린 크리스마스와 부활절의 아름다운 칸타타, 웅장한 교회 음악과 감동적인 성가대 합창에 대해 하나님께서 어떻게 생각하시는지에 대해 분명하게 말해 줍니다. 찾아보십시오.

3. 현실적 수준에서 정의란 무엇인가?

정의(와 이 땅 위의 하나님 나라)가 우리에게 요구된다는 것을 알았으므로, 과연 현실 생활에서 정의란 어떤 것인지 가늠하게 해줄 구절들을 찾아봐야 합니다. 빈곤을 널리 퍼뜨리는 경제적 불공평은 많은 사람들을 이른바 기독교 사회로부터 몰아내 마르크스주의나 반(反)기독교 운동의 품에 안기게 했습니다. 성경은 가난한 사람들에 대해 엄청나게 많이 말합니다. 또한 성경은 가난을 최소화하는 경제제도를 하나님의 율법을 이루는 근본적인 부분으로 규정합니다. 미가는 오므리와 아합이 가르치고 실행한 제도, 즉 지주제도를 실행하는 국가에 대해 언급합니다. 인간은 땅의 피조물이고, 물속이나 공중에서 무한정 살아갈 수 없기 때문에 땅이 누구에게 속하는가 하는 것은 기본적인 문제입니다. 오늘날 많은 사려 깊은 사람들은 '땅'이라는 개념이 바다, 하늘, 전자기장 같은 모든 천연자원에까지 확장되어야 한다고 말합니다.

레위기 25장의 몇 부분을 볼 텐데, 25장 전체를 주의 깊게 읽으시기 바랍니다. 그러면 성경에 나타난 정의의 실제적 기초가 어떤 것인지 구체적으로 그려질 것입니다. 레위기 25장은 경제학과 사회정의에 대한 기본 장이고, 성경에 나오는 정의에는 25장의 규칙들이 내재되어 있습니다. 어떤 신학자들은 이것은 다른 통치제도에 속한 것으로, 오늘날에는 맞지 않는다며 무시합니다. 그러나 사실은 바로 여기에, 빈곤과 비참에 대한 해결책이 있습니다. 신문을 보면 알 수 있듯이 세상의 빈곤과 비참은 계속 심해지고 있습니다. 1995년 3월 8일자 코리아타임즈(Korea Times)는 이렇게 보도합니다. "부트로스 갈리(유엔 사무총장)는 말하기를 전 세계의 4분의 1이 넘는 13억의 사람들이 가난 속에 살고 있고 15억의 사람들이 기본적인 의료 혜택조차 받지 못하고 있다. 1960년 이래 부자와 가난한 사람의 차이는 2배가 되었다…… 그러나 183개국 정상회담은 무의미한 행사에 불과한 듯 했다." 미국과 유엔, 세계은행, 국제통화기금(IMF) 등에 의해 조장되고 있는 바알의 제도에 우리가 무슨 다른 걸 기대할 수 있겠습니까? 하나님의 제도란 어떤 것입니까? 현대사회에서 그게 제대로 돌아갈까요?

"이스라엘 자손에게 말하여 이르라 너희는 내가 너희에게 주는 땅에 들어간 후에 그 땅으로 여호와 앞에 안식하게 하라"(레 25:2). 하나님의 제도는 7년마다 땅이 안식년을 취하는 것에서 시작합니다.

"일곱째 해에는 그 땅이 쉬어 안식하게 할지니 여호와께 대한 안식이라 너는 그 밭에 파종하거나 포도원을 가꾸지 말며…… 이는 땅의 안식년임이니라"(레 25:4-5). "안식년의 소출은 너희가 먹을 것이니 너와 네 남종과 네 여종과 네 품꾼과 너와 함께 거류하는 자들과 네 가축과 네 땅에 있는 들짐승들이 다 그 소출로 먹을 것을 삼을지니라"(레 25:6-7).

한번은 이스라엘이 그리스군에게 거의 정복될 뻔하였습니다. 그러나 이스라엘이 안식년을 지키고 있었기 때문에 그리스인들은 군대와 말을 먹일 충분한 양식을 얻을 수 없어서 전쟁을 중단하고 이스라엘에게 독립을 주었습니다! 이 이야기는 마카베오 1서 6장에 기록되어 있습니다. 이제 희년(Jubilee year)에 대해 읽어 봅시다. "너는 일곱 안식년을 계수할지니 이는 칠 년이 일곱 번인즉 안식년 일곱 번 동안 곧 사십구 년이라 일곱째 달 열흘날은 속죄일이니 너는 뿔나팔 소리를 내되 전국에서 뿔나팔을 크게 불지며 너희는 오십 년째 해를 거룩하게 하여 그 땅에 있는 모든 주민을 위하여 자유를 공포하라 이 해는 너희에게 희년이니 너희는 각각 자기의 소유지로 돌아가며 각각 자기의 가족에게로 돌아갈지며"(레 25:8-10).

'Jubilee'라는 단어는 나팔을 의미하는 요벨(yobel)에서 온 말입니다. 우리에게 중요한 것은 "자유를 공포하라"는 말인데, 이것은 누구나 원래 자기 땅으로 돌아가는 것과 직접 결부되어 있습니다. **땅 없이는 자유도 없습니다!** 계속하여 레위기 25장 13절은 "이 희년에는 너희가 각기 자기의 소유지로 돌아갈지라"라고 말씀합니다. 처음에 각자에게 토지가 분배되었고, 49년 이상은 절대로 남에게 양도될 수 없습니다. 양도됐던 땅이 풀려나고 사람도 풀려납니다! 할렐루야, 희년입니다! 나팔 소리와 함께 소리

치십시오! 유엔이 이 제도를 싫어한다 해도 다른 대안은 없습니다. 유엔은 서른 가지 '인권'이 있다고 말하지만, 토지권은 포함시키지 않았습니다. '권리'라는 말은 히브리어 '체데크'나 '미쉬팟'의 또 다른 뜻인데, 땅이 없는 사람에게는 무의미한 말입니다. 땅이 없는 사람은 생계를 잇기 위해 지주가 요구하는 대로 뭐든지 지불해야 하니까요. 땅 없는 소작인은 노예보다도 못합니다. 노예는 살아 있는 동안 음식, 거처, 그리고 의복을 공급받습니다. 땅 없는 소작인은 언제라도 아무 갈 데 없이 길거리로 쫓겨날 수 있습니다. 성경은 계속해서 말합니다. "네 이웃에게 팔든지 네 이웃의 손에서 사거든 너희 각 사람은 그의 형제를 속이지 말라 그 희년 후의 연수를 따라서 너는 이웃에게서 살 것이요 그도 소출을 얻을 연수를 따라서 네게 팔 것인즉"(레 25:14-15). 이것이 이 제도의 핵심입니다. 땅은 파는 것이 아니라 임대하는 것이며, 임대 기간은 다음 희년까지 남은 해입니다. 이것이 홍콩의 제도입니다. 대만은 이 원리에 기초하여 변형시킨 제도를 따릅니다. "연수가 많으면 너는 그것의 값을 많이 매기고 연수가 적으면 너는 그것의 값을 적게 매길지니 곧 그가 소출의 다소를 따라서 네게 팔 것이라"(레 25:16). 땅을 파는 일 따위는 없습니다. 땅의 소산물 즉 잠재적 생산력을 팔 뿐입니다. "너희 각 사람은 자기 이웃을 속이지 말고 네 하나님을 경외하라 나는 너희의 하나님 여호와이니라"(레 25:17). 땅에 대한 기본권을 인정하지 않는 것은 서로를 압제하는 것이고 정의에 반대되는 일입니다.

이를 전도서 5장 9절과 비교해 봅시다. "땅의 소산물은 모든 사람을 위하여 있나니 왕도 밭의 소산을 받느니라." 하나님은 이 법을 지키는 사람에게 안전을 약속하십니다. "너희는 내 규례를 행하며 내 법도를 지켜 행하라 그리하면 너희가 그 땅에 안전하게 거주할 것이라"(레 25:18). 역사적으로 우리는 이것을 보았습니다. 우리가 이 제도를 따르면 우리는 우리 땅에 안전하게 거할 것입니다. 다른 제국들은 말할 것도 없이 로마를 파멸시킨 것은 바로 엄청난 토지 소유였습니다. 미국 남북전쟁은 에이브러햄 링컨이 미국에 성경 원리를 적용하지 못하게 하려고 일어난 것입니다.

이제 레위기 25장 23절에, 인간관계에서 모든 정의의 기초가 되는 기본 개념이 나옵니다. "토지를 영구히 팔지 말 것은 토지는 다 내 것임이니라 너희는 거류민이요 동거하는 자로서 나와 함께 있느니라." **토지는 다 하나님의 것입니다.** 토지는 건물 등 다른 형태의 재산처럼 쉽게 사고팔 수 없습니다. 오므리와 아합에 의해 운용된 바알 제도 즉 지주제도는 토지를 상품으로 취급하고, 희년을 무시합니다.

이 구절들은 성경이 말하는 하나님의 정의, 하나님 나라의 기본 시스템을 이해하게 합니다. 먼저 하나님의 정의와 나라를 구하려면 (만약 우리가 민주주의 국가에서 살고 있다면) 우리의 현 경제 시스템을 정의로운 시스템으로 바꾸기 위해 무엇을 할 수 있는지 찾아봐야 합니다. 모든 사람이 혜택을 받고 참으로 자유롭게 되는 정의로운 경제 체제로 바꾸기 위해 우리가 할 일을 찾아봐야 하는 것입니다.

이제 맨 처음에 던졌던 다른 질문들뿐만 아니라 우리가 여태까지 찾아본 구절들에서 다루지 않는 상황들도 생각해 봅시다.

마태복음 6장 33절에서 예수님이 먼저 하나님의·나라와 그의 정의를 구하라고 하신 것처럼, 당시 예수님 말씀을 듣는 사람들은 구약에 나오는 체데크(정의)에 대한 요구와 공평한 사회, 하나님의 체데크에 기초한 '하나님의 통치'에 친숙한 사람들이었습니다.

헬라어 '바실레이아'(basileia)는 한국어로 '나라'라고 제대로 번역되었는데, 이는 통치권의 형태와 관계없이 땅과 문화를 공유하는 사람들의 집단을 가리키는 말입니다. 그러나 성경은 하나님이 원하시며, '하나님의 나라'라고 불리는 전제조건이 되는 경제 제도를 분명히 정의하고 있습니다. 이 제도는 왕의 지배보다 최소한 200년 이상이나 앞선 제도입니다.

이에 대한 자세한 규정은 레위기와 신명기에 나타나는데, 선지자들도 이 주요 구절을 근거로 하여 자세한 규정을 여러 번 언급하고 있습니다. 무려 1,200 구절이 넘는데, 이 가운데 우리는 몇몇 구절만 찾아보겠습니다. 앞서 계속 언급해 온 레위기 25장은 정의로운 사회를 위한 경제적 기초를 제공합니다. 그 구절들은 빈곤의 문제를 다루고 있습니다. 미가 선지자는 "정의를 행한" 후에 "자비를 사랑하라"고 말합니다. 자비는 정의로운 제도가 돌아가고 있는데도 가난에 빠진 사람들이 생겨날 때 필요한 것입니다. "네 형제가 가난하게 되어 빈손으로 네 곁에 있거든 너는 그를 도와 거류민이나 동거인처럼 너와 함께 생활하게 하되 너는 그에게 이자를 받지 말고 네 하나님을 경외하여 네 형제로 너와 함께 생활하게 할 것인즉"(레 25:35-36) "그 품삯을 당일에 주고(만약 그가 자기 땅을 잃어버리고 임금 노동을 하러 당신에게 와야 한다면) 해 진 후까지 미루지 말라 이는 그가 가난하므로 그 품삯을 간절히 바람이라 그가 너를 여호와께 호소하지 않게 하라 그렇지 않으면 그것이 네게 죄가 될 것임이라"(신 24:15).

율법은 이자 받는 일을 금합니다. 이자는 (지주제도와 함께) 현대 경제제도의 핵심을 이룹니다. 그런데 조금만 생각해 보면, 신용조합이나 신용협동조합을 만들면 하나님의 율법을 범하지 않고도 또 막강한 금융기관의 횡포에 휘둘리지 않고도 돈을 빌릴 수 있습니다. 성경에서는 이자 받는 일을 불의로 봅니다. 마찬가지로 공동체토지신탁을 이용하면 국가가 토지가치세 정책을 세울 때까지 기다릴 필요 없이, 토지 문제를 지역 단위에서 해결할 수 있습니다. 이것은 성경적 경제 원리를 현대적으로 적용한 예로, 대만에서 가장 착실하게 시행되고 있습니다.

성경이 언급하는 또 다른 중요한 점은 무게와 측량의 문제입니다. "공평한 저울과 공평한 추와 공평한 에바와 공평한 힌을 사용하라 나는 너희를 인도하여 애굽 땅에서 나오게 한 너희의 하나님 여호와이니라"(레 19:36). 표준 도량형은 자유의 표지입니다! 인플레이션은 자유를 파괴합니다.

신명기 25장 15절 "오직 온전하고 공정한 저울추를 두며 온전하고 공정한 되를 둘 것이라 그리하면 네 하나님 여호와께서 네게 주시는 땅에서 네 날이 길리라". 우리 현대사회에서는 킬로그램, 미터, 리터 등 엄밀한 측량 단위를 쓰고 있지만, 이 원칙을 화폐에는 적용하지 않습니다. 그 결과 화폐 가치가 계속 하락합니다. 1킬로그램의 금값은 계속 오르고, 1리터의 우유도 지난해보다 비싸졌지만, 오늘날 하루 임금은 몇 년 전 받던 것보다 못하고, 선조들과 비교하면 훨씬 더 못합니다. 이는 도적질입니다. 정의와 부정의는 주로 8계명에서 다뤄집니다. 이스라엘의 역사를 생각해 볼 때, 오므리와 아합이 들여온 바알 제도는 두 가지 계명을 위반하고 있음을 알게 됩니다. 제1계명(하나님과의 관계)과 제8계명(우리 사이의 경제적 관계)입니다. 현대사회에서는 십계명을 범하는 게 어느 정도 합법화되어 있습니다. 우리는 부정의한 사회에 살고 있습니다. 젊은이들은 부모를 돌보지 않아도 되고, (살인의 특별한 형태인) 낙태는 합법적입니다. 어떤 나라에서는 낙태가 강요되기도 하고 또 다른 나라에서는 눈감아 줍니다. 이혼과

재혼에 대한 법은 외도를 합법화하고, 경제학자들은 탐심이 경제학의 기초라고 대놓고 말합니다. 거짓 맹세는 여전히 불법이지만, 증거에 대한 법률이 너무나 복잡해져서 가난한 사람은 재판 비용을 감당할 수 없습니다. 선지자 미가는 이러한 문제를 다룹니다. "악인의 집에 아직도 불의한 재물이 있느냐 축소시킨 가증한 에바가 있느냐"(미 6:10).

　　현대사회는 엄밀하고 정직한 무게와 도량형을 내세우지만, 금융 체계(은행과 화폐)의 부정직성은 그 말을 무색케 합니다. 은행과 정부는 아무것도 없는 데서 돈을 찍어내서는, 마치 그것이 중요한 가치를 가진 것처럼 통용시킵니다. 오늘날 IMF가 실질적 지도자이며, 엄청난 권력을 갖고 있습니다. 모든 나라에서 화폐 가치는 계속 하락하여, 지금 노동자들은 그들의 아버지가 살았던 때와 똑같은 금액으로는 살 수가 없습니다. 임금은 '인플레이션을 따라잡으려고' 올라가지만, 절대 따라잡지 못합니다. 실질 임금은 계속 하락하다가 결국 위기가 닥쳐야 피를 뿌리면서 정의를 회복하려는 노력들이 생겨납니다. 이런 위기가 닥치기까지 '축소시킨' 에바로 인한 고통 속에서 괴로워하는 사람들은 점점 늘어갑니다. 미가는 계속해서 말합니다. "내가 만일 부정한 저울을 썼거나 주머니에 거짓 저울추를 두었으면 깨끗하겠느냐 그 부자들은 강포가 가득하였고 그 주민들은 거짓을 말하니 그 혀가 입에서 거짓되도다."(미 6:11–12). 19세기의 경제학자 헨리 조지

(Henry George)는 성경의 제도가 현대사회에 어떻게 적용될 수 있는지 보여 주었습니다. 대만의 제도는 그의 원리에서 따온 것입니다. 많은 '조지스트' 경제학자들이 성경의 토지제도로 돌아가는 걸 좋아하지만, 그들이 순진하게도 간과하고 있는 사실이 있는데, 건전한 경제적 가르침이 무시당하도록 만들기만 하면 부자들은 행복하다는 것입니다. 그 가르침이 진짜로 효력을 발하기 시작해서 부자들의 시스템을 위협하면, 부자들 내면의 폭력이 표면에 드러날 것입니다. "너희는 매가 예비되었나니…… 들을지니라"(미 6:9)에서 '매의 논쟁'을 언급합니다. 만약 거짓말이 통하지 않으면, 피를 뿌릴 것입니다. 전쟁은 섹스 때문에, 견해가 달라서, 혹은 인종이 달라서 일어나는 게 아니라, 땅 때문에 일어나는 것입니다. 러시아 땅을 탐내는 서구의 부자들은 가만히 앉아서 소수의 조지스트들이 러시아에 정의를 세우도록 보고만 있지 않을 것입니다. 그들은 폭력을 선동할 방법을 찾을 것이며, 자기들과 함께 땅을 나눠 가질 사람에게 권력을 줄 것입니다. 러시아는 또 하나의 아일랜드가 되어 가고 있습니다. 땅이 핵심입니다. 땅이 유일한 핵심입니다. 땅은 부자들이 추구하는 것이며, 그래서 그들에겐 폭력이 가득한 것입니다. '매의 논리'는 다른 방법으로도 타격을 가합니다. 쑨원은 중국이 성경 제도를 받아들이도록 설득하는 데 실패했지만, 장제스는 충분히 큰 '매'를 가지고 그 제도를 대만에 정착시켰습니다. 오늘날 대만은 세계에서 가장

부유한 나라입니다(더 많은 부를 소유한 나라도 있지만 그런 나라들은 무거운 빚을 지고 있습니다. 대만은 그 누구에게도 빚이 없으며, 다른 나라들은 모두 대만에 빚을 지고 있습니다).

무력이 아니고서는, 정의로운 체제를 세울 수 없습니다. 단, 사람을 변화시키는 하나님의 초자연적 능력에 의지하면 정의로운 체제를 세울 수 있습니다. 러시아에는 지금 당장 성령 충만한 경제학자들이 필요합니다! 미가서 6장 15-16절에서 미가는 오므리와 아합에 대해 언급합니다. "네가 씨를 뿌려도 추수하지 못할 것이며 감람 열매를 밟아도 기름을 네 몸에 바르지 못할 것이며 포도를 밟아도 술을 마시지 못하리라. 너희가 오므리의 율례와 아합 집의 모든 예법을 지키고 그들의 전통을 따르니 내가 너희를 황폐하게 하며 그의 주민을 사람의 조소거리로 만들리라 너희가 내 백성의 수욕을 담당하리라." 오므리의 율례와 성경의 가르침 사이의 싸움은 오늘날까지도 영향을 끼치고 있습니다. 오므리의 동맹자이며 아합의 장인인 엣바알은 바알 제도를 북아프리카에 수출해 카르타고 제국을 세웠습니다. 카르타고와의 전쟁에서 이긴 로마가 이 바알 제도를 채택했습니다. 로마제국은 '기독교 국가로 회심'하고서도, 오므리의 율례와 아합 집안의 모든 일을 계속해 나갔습니다. 교회는 이를 바로잡지 못하고, 오히려 그 악에 동참했습니다. 하나님은 마호메트를 일으키셔서 "토지는 알라에게 속하였다"고 외치게 하셨습니다.* 교회는 회개하지 않았습니다. 오늘날 이슬람은 기독교에 공산주의보다 더 위협적인 존재입니다. 예수께서 정의를 위해 십자가에 죽으신 지 1천 년 뒤 로마 황제 바실리우스 2세가 죽을 때까지 로마는 계속 번영하였습니다. 로마는 처음 325년을 제외하고 대부분의 기간 동안 '기독교 나라'로 행세했습니다. 마침내 하나님은 이스라엘에 행하신 일을 로마에도 행하셨습니다. 터키군과 아랍군을 보내어 가짜 '하나님 신앙'을 싹 쓸어버리신 것입니다. 교회는 회개하지 않았습니다. 그러는 대신 교회는 모하메드에게 빼앗긴 땅을 되찾는답시고 사백 년 동안 피를 흘렸습니다. 이러니 모하메드를 따르는 사람들에게 선교사를 보내어 '하나님은 당신을 사랑하신다'고 말하는 게 어렵지 않겠습니까?

정의는 뇌물 받는 것을 거절합니다. 이것은 불의를 재판하고 처벌하는 일을 맡은 판사들은 물론 정의를 집행하는 일을 맡은 공무원들에게도 그대로 적용됩니다. "너는 뇌물을 받지 말라 뇌물은 밝은 자의 눈을 어둡게 하고 의로운 자의 말을 굽게 하느니라"(출 23:8). 모든 사람들이 서로 잘 알고 있는 작은 지역사회에서 어떤 결정을 내려야 하는 경우 뇌물의 유혹은 상대적으로 작습니다. 결정이 중앙정부에 달려 있으면 있을수록, 불의의 위험은 더욱 커집니다. "네 하나님 여호와께서 네게 주시는 각 성에서

---

*토지는 다 내(하나님) 것 임이니라"(레 25:23)와 비교해서 볼 것.

네 지파를 따라 재판장들과 지도자들을 둘 것이요 그들은 공의로 백성을 재판할 것이니라"(신 16:18). 중앙정부가 아니라 지방정부가 기본이 되어야 합니다. 작은 행정구역(성)마다 관리자와 재판관이 있어야 합니다. "너는 재판을 굽게 하지 말며 사람을 외모로 보지 말며 또 뇌물을 받지 말라 뇌물은 지혜자의 눈을 어둡게 하고 의인의 말을 굽게 하느니라"(신 16:19).

4. 큰 소리로 외치기

정의는 그리스도인들의 주된 의무입니다("너희는 먼저 그의 나라와 그의 정의를 구하라"). 우리가 불공평한 사회에 살고 있는데, 정의를 집행할 정치적 권력이나 경제적 권력이 없을 때에는 어떻게 해야 합니까? 성경은 이에 대해 분명히 대답합니다. 소리 질러 외치라! 우리는 사람에게 그리고 하나님에게 소리 질러 외쳐야 합니다. 정의를 선포하고 그 중재자가 되십시오. "내가 측량할 수 없는 주의 공의와 구원을 내 입으로 종일 전하리이다"(시 71:15). 우리는 사람들에게 정의가 무엇인지 하루 종일 말할 수 있습니다. "내가 주 여호와의 능하신 행적을 가지고 오겠사오며 주의 공의만 전하겠나이다"(시 71:16). 이게 우리가 말해야 하는 전부입니다. 오직 하나님의 제도에 대해서만 말해야 합니다. 우리는 하루 종일, 날마다, 하나님의 정의에 대해서만 계속 되풀이해 이야기해야 합니다. 왜 교회가 그렇게 할 수 없습니까? 만약 교회가 하나님의 정의에 대해 계속하여 하루 종일, 날마다 이야기한다면, 사람들은 깨닫고 무언가 할 것입니다! 그러나 지금처럼 교회가 침묵하면, 사람들은 하나님이 정의의 계획이 있다는 것도 모르고, 그 내용은 더더욱 모를 것입니다.

시편 72편은 정의에 대해 아주 분명하게 설명합니다. 정의란 가난하고 압제받는 자들의 편이 되는 것입니다. 이는 토지법을 시행함으로써 시작됩니다. 1995년에 《다메섹으로 가는 길: 카이로스와 회심》이라는 책이 출판되었습니다. 일곱 개의 개발도상국 또는 저개발국가의 대표자들이 만든 책입니다. 이 책의 주된 관점은 만약 우리가 정의를 위해 적극적으로 투쟁하고 있지 않다면 우리는 압제자의 편을 들고 있다는 것입니다. 강자와 약자 간 투쟁에 중립이란 없습니다. 침묵을 지키는 교회는 압제자의 편에 서 있는 것입니다. 근대선교운동이 일어난 이래로, 선교사들은 가난한 사람들에게 좋은 소식을 선포한다고 생각해 왔습니다. 그런데 선교사들은 일을 거꾸로 하고 있습니다. 하나님께서 우리에게 기대하시는 세 가지 행위 중 첫 번째는 정의를 행하는 것입니다. 기독교 국가와 그에 고용된 성직자들은 온갖 종류의 자선사업에 돈을 씀으로써, 정의를 행하지 않는 자신들의 불순종을 덮어 왔습니다. 만일 그들이 정의를 행했더라면 자선사업의 십중팔구는 필요가 없어졌을 것입니다. 하나님은 이런 위선을 싫어하십니다. 반면에 대만과 홍콩같이 정의가 상당히 행해지고 있는 나라들이 있습니다. 그러나 이들은 하나님을 모르기 때문에, 끊임없이 정의를 뒤엎으려는 사람들이 나타납니다. 홍콩의 경우 국민들에게 돌아갔던 세입의 3분의 2가 지금은 개인의 주머니로 들어갑니다. 이 사실을 폭로할 선지자가 없습니다. 150년 된 홍콩보다 50년 된 대만이 더 낫습니다. 대만과 홍콩은 구약의 제도를 따릅니다. 신약은 가난한 사람들에게 더 나은 제도, 즉 아무리 타락한 정부도 파괴시킬 수 없는 제도에 대해 말합니다. 그것은 '코이노니아'라 불리는데, 17~23가지의 다른 말로 번역되어 뜻이 모호해졌습니다. 예수께서는 율법이나 선지자를 폐하러 온 것이 아니라 완성하러 오셨다고 말씀하셨습니다. 다시 말해, 압제당하는 자가 땅을 차지하고(돈을 주고 사는 게 아니라, 당연한 권리로 땅을 받게 되고), 주의 은혜의 해(이것은 희년으로, 희년이 되면 모든 땅은 원래 소유자에게 돌아가며, 여기에는 아무도—심지어 이방인도 제외되지 않습니다)를 전파하러 오셨다고 말씀하셨습니다. 토지 소유자들이 볼 때 이 말은 예수가 자기 무덤을 파는 거나 다름없었습니다. 예수는 병자를 고치거나 슬픈 사람을 위로하거나 사람들에게 친절해지라고 말해서 처형된 것이 아닙니다. 그는 구약의 정의에 대해 이야기했기 때문에, 그리고 땅 없는 사람들이 너무나 많이 그를 따랐기 때문에 처형된 것입니다.

이사야는 아무도 하나님이 정의의 하나님이라고 공공연히 선포하지 않음을 불평합니다. "누가 처음부터 이 일을 알게 하여 우리가 알았느냐 누가 이전부터 알게 하여 우리가 옳다고 말하게 하였느냐 알게 하는 자도 없고 들려주는 자도 없고 너희 말을 듣는 자도 없도다"(사 41:26). 이것은 오늘날 전 세계에 퍼져 있는 문제입니다. 교회가 정의를 촉구하지 않습니다. 오로지 몇몇 자유주의자들만 정의를 촉구하지만, 그들은 '정의'가 토지의 권리라는 걸 모릅니다.

정의를 촉구하면서 토지를 강조하는 조지스트들이 있습니다. 이사야도 탄원(intercession)이 하나님의 응답이 될 수 있음을 지적합니다. 하루 종일 하나님의 정의에 대해 말하는 건 쉽지도 않고, 안전하지도 않은 일입니다. 선지자 미가는 성령의 능력으로 충만했는데, 불의한 사회를 대중 앞에서 책망하기 위함이었습니다. "오직 나는 여호와의 영으로 말미암아 능력과 정의와 용기로 충만해져서 야곱의 허물과 이스라엘의 죄를 그들에게 보이리라"(미 3:8). 미가는 뇌물의 문제를 다룹니다. "그들의 우두머리들은 뇌물을 위하여 재판하며 그들의 제사장은 삯을 위하여 교훈하며 그들의 선지자는 돈을 위하여 점을 치면서도 여호와를 의뢰하여 이르기를 여호와께서 우리 중에 계시지 아니하냐 재앙이 우리에게 임하지 아니하리라 하는도다"(미3:11). 이것은 기독교의 기본 문제입니다. "제사장은 삯을 위하여 교훈하"는 것이 오늘날 제도로 받아들여져서, 다른 제도는 상상해 보기도 어려워졌습니다. 그러나 이 제도는 부패할 수밖에 없고, 이런 제도로는 가난한 사람들을 옹호할 수 없습니다.

'복음'은 가난한 사람들을 위한 좋은 소식입니다. 성경은 가난한 사람들에게 좋은 소식을 전하는 것이 교회의 주된 임무이며, 결코 부차적인 일이 아니라고 분명히 말합니다. 성직자에게 사례비를 지급하게 되면, 그들은 가난한 사람들로부터 등을 돌리고 프로그램의 재정을 도와줄 수 있는 사람들에게로 향하게 될 것입니다. 우리는 그리스도가 주장하는 사회를 위해 일해야 합니다. 우리가 그의 명령을 받아 행할 수 있는 능력을 얻게 하기 위해 성령을 보내신 것입니다. "공의로 가난한 자를 심판하며 정직으로 세상의 겸손한 자를 판단할 것이며 그의 입의 막대기로 세상을 치며 그의 입술의 기운으로 악인을 죽일 것이며"(사 11:4). 이는 예수께서 왕이 되기 위해 오셨을 때 말씀했던 예언이지만 가난하고 힘없는 사람들을 위한 정의는 모든 형태의 나라에 그대로 적용됩니다. "공의의 열매는 화평이요 공의의 결과는 영원한 평안과 안전이라"(사 32:17). 화평, 평안, 안전은 정의로부터 옵니다. 성령은 우리 가운데 코이노니아를 주시고, 이 땅에 정의를 적용할 수 있는 가장 효과적인 방법을 찾아낼 수 있는 지혜를 주십니다. 그것을 구합시다!

영적 전쟁과 IMF

통일논단, 1993.

우리 그리스도인들은 통일을 위해 준비하고 기도할 때에, 성경에 나오는 실제 생활의 원리들이 현대의 실생활에도 적용될 수 있는지 진지하게 생각해 보아야 합니다. 이미 앞서 토지문제를 논의하면서, 토지와 관련된 성경에 기초한 정책이 통일 논의에 중요하게 기여할 것이며, 북한 주민들에게도 열렬히 환영받을 거라는 저의 확신을 말씀드렸습니다.

그 글을 쓰고 난 뒤 러시아에서는 아주 흥미로운 사건이 일어났습니다. 한국의 조지스트도 한 사람 포함된 조지스트 경제학자 팀이 러시아의 주요 국회의원, 경제학자, 세금 전문가 그리고 도시의 시장들에게 본질적으로 성경적인 프로그램을 소개하느라 몇 달을 보냈습니다. 그들은 조세 전문가와 토지가치평가사 그리고 여러 가지 관련 기술 전문가들과 함께 러시아에서 세미나를 개최했는데, 참석한 정부 관료들과 경제학자들이 열광적으로 호응해 주었습니다. 의회의 고위층 사이에도 이들을 받아들이는 분위기가 있었지만, 옐친에게까지 닿지는 못했습니다(이들은 러시아 정교회나 새로운 복음주의 교회에 영향을 끼치려는 시도는 하지 않았습니다).

모스크바에서 러시아 100대 도시 시장들의 모임이 있었습니다. 여기서 조지스트 경제학자들이 정책을 발표하는 시간을 가졌는데, 이것은 아주 잘 받아들여졌습니다. 이 모임의 끝에 시장들은 러시아의 토지문제에 대한 적절한 해결책으로 토지가치세를 채택하자는 일종의 선언을 발표했습니다. 러시아에서의 이 열광에도 불구하고, 조지스트 경제학자들은 세계은행(World Bank)이나 국제통화기금(IMF) 위원 가운데 그들에게 동의하는 사람은 한 명도 만날 수 없었습니다.

버지니아폴리텍주립대학의 조지스트 경제학자 한 사람이 워싱턴의 IMF 소위원회에서 세미나를 여는 기회를 가졌습니다. 그는 참석자 가운데 누구도 자기를 똑바로 쳐다보는 사람이 없었다고 보고했습니다. 그들은 모두 그들의 주장을 뒷받침할 증거도 없으면서 자기 눈을 피하며, 토지가치세는 제대로 작동하지 않을 거라고만 주장했습니다. 그들은 남미의 상황을 예로 들면서, 외국 원조는 낭비되고 발의된 토지가치세는 부패한 정치인들에 의해 망쳐졌다며, 마치 토기가치세 자체가 문제인 것처럼 말했습니다. 이것이 토지가치세에 계속 반대하는 그들이 내세우는 논리적 정당화의 전부입니다.

그런 와중에 옐친은 '토지의 자유시장'에 대해 말하고 있었습니다. 이것이야말로 서방 세력들이 원하는 바입니다. 서방 세력들은 러시아가 경제적인 곤경에 빠져 있는 동안, 러시아 사람들이 진정한 토지의 가치를 깨닫기 전에, 싼값에 러시아 토지를 다 사들이길 원합니다. 그래야 그들은 부재지주로서, 러시아의 경제를 주무르고 자기들의 수익을 짜낼 수 있습니다. 그들은 러시아가 토지를 팔지 않는다면 해외투자 유치를 기대할 수 없을 것이라고 계속 주장하고 있습니다. 그러나 현실은 그렇지 않습니다. 가장 많은 해외직접투자가 유치되고, 세계에서 가장 건실한 경제를 자랑하는 홍콩의 경우에는 한 평의 땅도 팔지 않았습니다! 성경의 원리에 따라 모든 토지는 임대할 뿐입니다!

우리의 조지스트 경제학자들이 그들이 이룬 성과와 러시아에서 받은 환대에 기뻐하고 있는 사이, 갑자기 옐친이 의회를 해산하고, 탱크를 소집하여 정부청사를 불태우고, 모든 시장들을 해고해 버렸습니다! 성경적인 경제원리를 받아들였던 사람들이 모두 모든 권력을 잃어버렸습니다. 물론 선거에서 어떤 결과가 나타날지는 아무도 모릅니다. 제 생각에 옐친은 러시아를 식민지화하려는 서구 세력들과 IMF, 세계은행의 도구라고 여겨집니다. 저는 처음부터 조지스트 친구들에게 "당신들은 지금 세계에서 가장 강력한 영적 세력들을 다루고 있으며, 성령의 능력과 기도를 통해서만 성공할 수 있다"고 말했습니다. 그러나 그들은 모두 사람 좋고 순진한 휴머니스트들입니다. 종국에는 논리가 이길 거라고 믿는, 또는 최소한 그러기를 바라는.

이 모든 것들이 여기 한국에서 의미하는 바는 무엇입니까? 우리도 북한 형제들의 마음을 얻기 위한 논리적 전쟁에 직면해 있을 뿐만 아니라, IMF의 최후 수단인 '힘의 논리'도 고려해야 한다는 것입니다. 그리고 이것과 함께 궁극의 논리(세상은 이것을 비논리적이라고 하지만)인 기도와 영적 전쟁과 만나야 한다는 것입니다. 저는 그 어느 때보다 점점 더, 오직 기도를 통해서만 통일을 위한 싸움에서 승리할 수 있다는 확신이 깊어 갑니다. 그래서 우리는 항상 '기도의 전쟁터'에 있어야 합니다. 이 말은 또한, 우리가 다른 이의 행위를 바로잡으려고 애쓰기 전에, 먼저 우리자신이 회개하고 우리 자신의 행위를 깨끗이 해야 한다는 것을 의미합니다!

제가 숙제를 하나 드려 볼까요? 레위기 25장을 다시 읽어 보시고, 과연 이자에 관한 성경의 율법이 오늘날에도 적용될 수 있을지, 만약 그렇다면 어떻게 그것이 가능할지 생각해 보십시오. 다음에는 이 문제를 다루어 보고 싶습니다.

3부

하나님과
가이사

가이사의 것은 가이사에게

신앙계-산골짜기에서 온 편지, 1999.05.

대천덕 신부님께

저는 법학 교수로서 최근에 그리스도인이 된 사람입니다. 정말 하나님의 뜻을 행하고 싶은데, 성경에 나오는 몇몇 가르침에 대해 혼란스럽습니다. 그런데 제가 알고 있는 목회자들에게는 도움을 받을 수 없습니다. 성경에는 사회문제에 대한 많은 가르침이 있는데도 그들은 사회문제를 다루는 게 내키지 않는 듯합니다.

예수원에 잠시 방문했을 때 신부님을 만나 뵙게 되어 기뻤습니다. 그런데 아주 잠깐 소개받은 터라 저를 기억하실지 모르겠군요. 대화를 나눌 기회가 없었으니까요. 저는 누군가와 할 일이 있어서 다른 사람과 앉느라, 신부님과 점심상에서 대화를 나눌 기회를 놓쳤습니다. 그런데 제 친구가 말하기를, 제가 편지를 쓰면 신부님께서 사려 깊은 답을 해주실 거라고 하더군요.

그래서 신부님, 저는 '가이사(카이사르)의 것은 가이사에게, 하나님의 것은 하나님께 바치라'는 예수님의 가르침을 기독교인들이 어떻게 해석하고 적용해야 하는지에 대해 묻고 싶습니다. 또 우리가 그것을 어떻게 구별해야 하는지도 알고 싶습니다.

좋은 법과 나쁜 법이 함께 있을 때, 우리는 그것을 모두 지켜야 할까요? 체제나 권위에 관한 문제에 대해서는 어떻게 보아야 할까요? 만일 그 법에 아무런 자유도, 아무런 인권 존중도 없다면 어떡해야 할까요?

(제가 보기에) 제가 하나님의 일을 하고, 좋은 목적을 갖고 좋은 일을 하고 있다면, 이 목적을 이루기 위해 결함이 있는 방법을 쓸 수도 있을까요? 하나님의 뜻과 정반대되는 방법으로 하나님의 뜻을 이룰 수 있을까요?

답을 기다리겠습니다.

주 안에서 주후남 올림

주 선생님께

답장이 너무 오래 걸려 죄송합니다. 이곳에는 해야 할 일이 넘쳐 나서요! 우리는 모두 '일중독자'들 같습니다. 해야 할 일은 너무 많고 장기간 머무르는 사람들은 너무 적거든요.

먼저 첫 번째 질문은 마태복음 22장(17-21)과 누가복음 20장 (22-25)에 나오는 "가이사의 것은 가이사에게, 하나님의 것은 하나님께 바치라"는 예수님의 말씀에 대한 것입니다. 이 내용을 다루려면 먼저 이 가르침을 주신 예수님 당시의 상황을 생각해 보아야 합니다. 당시 이스라엘 지역에는 두 당파가 있었습니다. 한파는 (가이사의) 로마 정부를 받아들여, 로마의 모든 명령에 복종해야 하며, 부과하는 세금이 얼마가 되든 다 내야 한다고 주장했습니다. 다른 파는 로마에 세금을 내는 것에 극렬히 반대했지요. 그런데 원래 던져진 질문(가이사에게 세금을 바치는 것이 옳으니이까 옳지 아니하니이까)은 진실을 알고 싶은 신실한 마음에서 나온게 아니라, 예수님을 곤경에 빠뜨리고자 한 것이었습니다. 물론 예수님께서는 그들의 생각을 알고 계셨으며, 답변을 통해 두 파(派)를 오히려 곤경에 빠뜨리셨지요. "그럼 무엇이 가이사의 것이고 무엇이 하나님의 것이지? 세금으로 내는 돈에는 가이사의 얼굴이 있으니, 그것은 분명 가이사의 것이다!" 그들은 분명 가이사로부터 일정한 혜택을 받아 누리고 있었고, 그렇다면 그 혜택에 대한 대가를 치러야 합니다.

　진짜 질문은 이것입니다. 가이사의 것은 무엇이며, 모든 세금은 다 마찬가지인가? 동전의 뒷면은 이렇지요. 무엇이 하나님의 것인가? 성경은 "모든 영혼이 다 내게 속한지라"(겔 18:4)라고 하나님 말씀을 인용하고 있습니다. 이것은 인권을 이해하는 데 기초가 되는 것으로, 먼저 정치적 경제적 문제들을 논의하고 나서 인권에 대해 다루도록 하겠습니다. 시편 50편에서 하나님은 우리에게 모든 새와 동물이 당신의 것이라고 하셨습니다. 이는 우리가 하나님의 청지기로서 그것들을 다스리고 하나님의 뜻에 따라 조심스럽게 다루어야 한다는 것을 의미합니다. 레위기 25장은 모든 토지가 하나님의 것으로 사람들에게 공평하게 대여되었으며(1950-1953년 한국의 토지개혁처럼), 만일 다른 사람의 땅을 사용할 경우, 토지를 상환하는 희년이 될 때까지 원 주인에게 그에 상응하는 토지 임대료를 주어야 한다고 분명히 가르치고 있습니다(토지를 분배한 지 50년이 되면 땅은 무상으로 원주인에게 돌아가야 합니다). 대부분의 현대 경제에서 이것은 '토지가치세'로 적용할 수 있습니다. 이것은 사실 세금이 아니라 임대료 또는 대여료입니다. 이것은 하나님의 것이고 하나님께선 이것을 땅의 원주인에게 지불하라고 하십니다. 만약 땅을 사용하는 사람이 해마다 임대 가치를 모두 지불한다면, 50년째 재분배하는 목적이 달성되는 것입니다. 그것은 매 해가 희년 전 해인 것처럼 여겨지는 것이며, 혹은 모든 해가 희년인 것처럼 되어 땅 주인은 다시 땅을 임대할 것입니다.

세금 중에는 정부가 시민에게 제공하는 복지의 비용을 충당하기 위해 부과되는 세금이 있습니다. 만일 땅 주인을 찾을 수 없거나 토지개혁이 한 번도 없었다면, 정부에 내는 토지 임대료만으로 정부의 모든 비용을 충당하고, 다른 세금은 필요 없게 된다는 사실이 오래전부터 알려져 왔습니다. 많은 나라에서 정부 지출의 상당 부분이 온갖 종류의 세금을 걷는 데 들어갑니다. 그 온갖 종류의 세금은 정부의 운영 기금과 사회복지 비용을 충당하기 위해 부과된 것이지요. 만일 토지 임대료만으로 세금을 걷는다면, 정부의 지출은 30퍼센트 정도 줄어들 것입니다.

오늘날 대부분의 정부가 제공하는 사회복지는, 전통적 관습 아래서 대가족이 제공하던 것입니다. 이 사회복지 비용이 정부 지출에서 높은 비중을 차지하게 됩니다. 세금이 없다면 가정의 수입은 더 늘어나고, 관료 행정에 드는 비용 없이 사회복지를 제공할 수 있습니다. 정부에서 사회복지를 제공하면 국민이 실제로 받는 혜택보다 더 많은 비용이 들고, 이것은 사회가 부담하게 됩니다. 그러나 가족이나 지역사회가 사회복지를 제공하면 딱 받는 혜택만큼 비용이 듭니다. 약간 넘치는 부분은 자원봉사자가 흡수하기 때문입니다.

사회복지는 가이사의 것일까요, 하나님의 것일까요? 또 세금은 누구의 것일까요? 성경을 보면 초기 선지자들은 정부의 모든 사회복지를 지역사회(공동체)에서 제공하는 것이 맞다고 주장합니다. 전쟁이 일어날 경우에는 긴급 소집령을 내려 대처할 수 있으며, 그 상황이 끝나면 군대는 해산되고 군인들은 고향으로 돌아가 다시 생업에 종사하게 됩니다. 선지자들은 이스라엘 백성들이 계속 왕을 세워 달라고 고집할 경우, 중앙정부가 세워지고 상주하는 군대가 필요하게 되어, 정부와 군대를 유지하기 위한 경비가 들어가게 되며, 정부는 점점 더 커지게 되고, 이런 비용을 충당하기 위해 온갖 세금이 부과될 것이라고 예언하였습니다.

결국 백성들은 선지자들의 경고를 무시한 채, 중앙정부를 요구했습니다. 그들은 자신들의 토지를 잃었으며, 대지주들은 토지 임대료를 내지도 않았을 뿐 아니라, 희년이 와도 토지를 돌려주지 않았습니다. 지주들은 정부 뒤에 숨은 권력이 되었고, 대부분의 사람들이 점점 가난해져 갈 때, 계속 부를 쌓게 되었습니다. '케냐에는 스무 명의 백만장자와 2천만 명의 빈민이 있다'는 말이 있습니다. 하나님의 법을 거부하는 대부분의 나라들이 결국에는 이런 상황에 처하게 됩니다. 역사상 가장 거대한 나라 로마제국도 결국은 이 같은 상황에 빠져 멸망하게 되었습니다.

오늘날 정부 가운데도 국가 수입의 많은 부분을 토지 임대를 통해 얻어 안정시키고, 국민이 원하는 사회복지를 제공하는 정부들이 있습니다. 때로는 이러한 성공이 탐욕을 불러일으킵니다. 정부의 토지임대법 때문에 엄청난 불로소득을 얻을 기회를 잃고 분노하며 좌절한 일부 사회구성원들이 법을 바꾸자는 정치 운동을 하게 됩니다. 바로 고대 이스라엘과 근대 덴마크, 오늘날 홍콩에서 일어난 일입니다.

하나님께서는 당신의 권위를 인정하는 자들에게 지켜야 할 명령으로 무엇보다 먼저 정의를 요구하고, 그다음으로 자비와 마지막으로 하나님과 겸손히 동행할 것을 요구하십니다(미 6:8). 다른 성경 말씀은 하나님을 사랑하고 이웃을 사랑하고 하나님께 순종할 것을 강조합니다. 이웃에 대한 사랑은 막연한 감정이 아니며, 사회복지 목록으로 제한되지 않습니다. 하나님은 너 자신에게 하는 것과 똑같이 이웃을 대하라고 하십니다.

이제 다음 질문으로 넘어가 보십시다. 좋은 법과 나쁜 법이 함께 있을 때, 우리는 그것을 모두 지켜야 할까요? 20세기에 들어 우리는 시민 불복종의 경우를 많이 봐 왔습니다. 사람들은 복종하지 않겠다는 결정을 공공연히 선포하고, 불복종으로 인한 결과들을 기꺼이 받아들이겠다고 함으로써 악법에 저항했습니다. 많은 사람이 감옥에 갇히거나 정부 개입을 당했지만, 결국 법이 바뀌게 되는 결과가 나타났습니다. "사람보다 하나님께 순종하는 것이 마땅하니라"(행 5:29)라는 말씀이 이에 대한 성경적 근거입니다. 기독교인들은 악법을 바꾸기 위해 자신의 모든 노력을 총동원해야 한다는 뜻입니다. 정부에서 일하는 기독교인들은 정치 권력을 사용해야 합니다. 보통 시민들은 여론을 일으키기 위해 애써야 합니다. 정부가 독재로 치달아 갈 때 대중 시위는 적절한 수단이 될 수 있습니다.

성경 시대에도 때때로 이런 극적인 대중 시위가 있었습니다. 이사야 선지자는 하나님의 명을 받고 3년을 벌거벗은 채 돌아다녔습니다(사 20). 에스겔 선지자는 390일 동안 왼쪽으로 누워 꼼짝도 않고 있다가, 다시 40일간 오른쪽으로 누워 있으라는 명령을 받았습니다(겔 4). 또 그는 하나님으로부터 아내가 갑자기 죽게 될 터인데, 슬퍼하거나 우는 등 어떤 애도의 표시도 나타내선 안 된다는 명령을 받았습니다(겔 24). 이런 일들은 정치적으로 위험한 건 아니지만 선지자 본인에겐 가슴이 찢어지는 일이었습니다. 그것은 또 머지않아 유다가 전쟁에서 패망할 것이며, 그 사망자가 너무 많아 백성들이 더 이상 슬퍼할 기력도 없고, 또 슬피 울어 봤자 아무 의미도 없을 지경이 되리라는 사실을 극적으로 강조하는 것이었습니다. 우리가 새겨야 할 것은, 이러한 선지자들의 극적인 시위는 하나님으로부터 명령받은 것이라는 사실입니다. 우리는 우리의 시위가 어떠한 형태를 띠어야 하는지 반드시 성령의 인도하심을 구해야 합니다.

그렇다면 우리는 무엇에 대해 시위를 해야 하겠습니까? 불의에 대해, 가난하고 의지할 데 없는 사람들을 착취하는 일에 대해, 그리고 인권 침해에 대해서입니다. 그런데 먼저 '인권'이란 말은 성경에 나오지 않으며, 또한 유엔의 세계인권선언 목록에는 성경이 강조하는 토지에 대한 권리가 빠져 있다는 것을 지적하고 싶습니다. 만일 이 권리가 행사된다면 인권선언 목록의 나머지 권리들은 자연히 따라오게 될 것입니다. 그러나 땅에 대한 권리가 없다면 인권선언도 노예의 권리를 기록한 목록에 지나지 않습니다. 땅이 없는 사람에게는 자유도 없습니다. 그들의 운명은 지주의 손에 달려 있거나, 그들에게 먹고살 일자리를 주는 사람 손에 전적으로 달려 있기 때문입니다.

성경은 특히 집 없는 자들뿐 아니라 외국인과 이방인에 대한 차별을 금하고 있습니다. 그런 사람들에게 토지를 제공하여, 거기에 집을 짓거나 사업을 시작하거나 생산적 일을 해서 스스로 자립하도록 해야 한다고 말합니다. 오늘날 '민주주의'를 한다는 대부분의 나라에서 진짜 권력은 국민이나 유권자에게 있는 게 아니라, 땅을 가진 지주들에게 있습니다. 종종 이들은 누구인지조차 알기 힘듭니다. 왜냐하면 지주들은 눈에 보이는 권력자 뒤에 은밀하게 숨어 그들을 조종하기 때문입니다.

교수님의 다음 질문은 선한 일과 관련해, 결함 있는 방법으로 선한 목표를 이룰 수 있느냐, 즉 다시 말해, 하나님의 뜻에 거스르는 방법으로 선한 일을 할 수 있느냐는 것입니다. 하나님의 뜻을 이루기 위해 그런 결함 있는 방법을 사용할 수 있겠습니까? 우리는 먼저 '결함 있는' 방법이란 무슨 뜻인지 세밀하게 살펴보아야 합니다. 대체로 완벽한 방법이란 없다고 생각합니다. 우리의 모든 수단은 효율성이라는 면에서 한계가 있습니다. 스스로 물어봐야 할 것은, 현재 쓸 수 있는 방법 가운데 하나님의 일을 하기 위한 가장 최선의 방법은 무엇인가 하는 것입니다.

만일 어떤 사람이 가장 효과적인 듯한 방법을 제안하는데, 그것이 하나님께서 금하시는 것이라면 어떡해야 하겠습니까? 하나님께서 금지하는 데는 반드시 이유가 있다는 사실을 기억해야 합니다. 이 방법에 스며 있는 악을 내가 정확히 인식하고 있는지 나 자신에게 물어보아야 합니다. 만일 정말 악한 방법이라면, 사도 바울의 말을 되새겨 보아야 할 것입니다. "또는 그러면 선을 이루기 위하여 악을 행하자 하지 않겠느냐 어떤 이들이 이렇게 비방하여 우리가 이런 말을 한다고 하니 그들은 정죄 받는 것이 마땅하니라"(롬 3:8). 비슷한 논리로 "목적이 수단을 정당화한다"라는 말이 있습니다. 이는 널리 퍼져 있는 태도이지만 그리스도인이 채택할 만한 것은 아닙니다. 우리는 설령 온전히 성공하지 못한다 하더라도 목적에 잘 맞고 하나님의 뜻을 이루어 갈 수단을 찾아야만 합니다.

물론 이것은 '우리에게 적법한 방법이 없을 경우, 어떡합니까?' 또는 '적법한 방법을 찾아 시도해 보았지만 아무런 효과가 없을 경우 어떡합니까?'라는 질문을 하게 합니다. 포기해야 할까요? 정의를 위한 싸움을 그만두어야 할까요? 이럴 때 믿지 않는 사람들은 전혀 모르지만 그리스도인이라면 금방 쓸 수 있는 방법이 있습니다. 바로 기도입니다. 그리고 기적을 베푸시는 하나님의 능력입니다.

성경을 읽다 보면, 풀기 어려운 문제가 기적을 통해 해결된 경우를 수없이 볼 수 있습니다. 기도에 대한 응답으로 하나님께서 직접 개입하신 것입니다. 예수님은 "두세 사람이 내 이름으로 모인 곳에는 나도 그들 중에 있느니라"고 약속하셨습니다. 모든 사람이 실패한다 할지라도 우리는 포기하지 말아야 합니다. 다만 하나님의 뜻을 행하려는 사람들 두셋을 찾아 하나님 나라와 정의를 위해 힘써 싸워야 합니다. 우리는 이것 때문에 함께 모여 기도해야 합니다. 우리는 함께 모일 때면, 하나님의 뜻을 분명히 알기 위해 성경을 공부하려 하는데, 가장 중요한 것은 함께 울부짖어 하나님의 개입을 청하는 것입니다.

기독교인 가운데는 '행동'이 우선이며, 기도는 시간 낭비라고 생각하는 사람들이 있습니다. 하지만 역사를 보면 가장 극적인 승리들이 중보기도를 통해 이루어진 것을 보게 됩니다. 중보기도는 절대 값싼 것이 아닙니다. 한번은 모세가 하나님께 만약 자기 백성을 하나님께서 구하여 주지 않고 그들의 죄와 완악함 때문에 그들을 벌하여 쓸어버리실 작정이라면 자기도 같이 쓸어버리시라고 말합니다. 하나님은 모세에게 민족의 시조가 되는 기회를 주시고 모세와 그의 후손을 축복하겠다고 제안하십니다.

그러나 모세는 하나님의 제안을 거절하고, 대신 자기 백성과 함께 죽기를 간청합니다. 그리하여 하나님께서 마음을 바꾸셨습니다! (출 32:1-14)

교수님은 많은 목회자들이 사회문제를 등한시한다고 하셨습니다. 거기에는 몇 가지 이유가 있습니다. 아마도 가장 근본적인 이유는 마태복음 6장 33절의 잘못된 번역 때문일 것입니다. 옳은 번역은 "무엇보다 하나님의 통치와 그의 정의를 위해 힘쓰라"는 것입니다. 그런데 대부분의 경우 "너희는 먼저 그의 나라와 의를 구하라"라고 번역되어서, 마치 "하늘나라에 들어가기를 유념하고, 선행을 행하라"는 식으로 해석되었습니다. 이런 해석은 역사상 가장 인기 있는 신학자인 히포의 어거스틴으로부터 나온 것입니다. 제 생각에 그의 인기는 그의 도피주의 신학 때문인 것 같습니다. 그는 세상은 악하고, 거기에 보탤 만한 것은 아무것도 없기 때문에, 기독교인들은 오직 자신의 '영적인' 문제와 선행에만 신경 쓰면 된다는 입장을 취했습니다.

이러한 불교적인 사고는 항상 대중의 인기를 얻어 왔습니다. 개인적으로 위험하지도 않고, 고난과 투쟁에 연루될 소지도 거의 없기 때문입니다. 어거스틴은 로마의 지주였는데, 자기 권력이나 영향력을 이용하여 당시 사회문제를 해결하려는 노력을 전혀 하지 않았습니다. 만일 그가 자신의 토지를 농노에게 나누어 주고 소박한 삶을 살면서 죽는 날까지 정의를 위해 분투한 레오 톨스토이 백작 같은 사람이었다면, 세계사는 달라졌을 것입니다. 어거스틴이 로마의 악한 체제를 비판하지 않았기 때문에, 북아프리카의 땅 없는 원주민들이 어거스틴이 살던 지역 주민과 지주계급에 반기를 들고 일어나 체제 전부를 무너뜨리고 이슬람을 받아들이게 된 것입니다. 오늘날까지도 유혈 사태의 근원이 되고 있는 이슬람과 기독교 간의 쓰라린 적대감은 그때부터 비롯된 것입니다.

결국 이러한 신학은 다른 이들에게 위험한 것입니다. 이런 신학이 이슬람뿐 아니라 공산주의가 나오게 하고, 예수님과 그의 가르침, 십자가의 공로, 그의 죽음과 부활을 거부하는 온갖 철학과 사상을 이끌어 냈습니다. 이제 마태복음 6장 33절의 올바른 번역뿐만 아니라 성경 전체의 올바른 해석을 주장합시다. 성경에는 하나님의 통치와 정의에 관한 수많은 가르침이 있습니다.

이들 문제에 대한 하나님의 해결책은 '코이노니아'에서 찾을 수 있습니다. 코이노니아란(아주 적절한 번역은 아니지만 그나마 비슷하게 말하면) '함께 나눈다'는 뜻입니다. 그리스도인들은 물질적인 문제건 실제적인 문제건 지적인 문제건 영적인 문제건 함께 나누고, 지혜를 구하기 위해 함께 만나 기도하고 또 서로 올바른 해결책을 찾도록 도와줘야 합니다. 우리 교회가 이런 역할을 하지 못하기 때문에, 이제 각 사업계와 법조계, 정치계에 있는 그리스도인들에게 달려 있습니다. 그들은 서로서로 찾아가서 조언을 나누고 도움을 주는 네트워크를 만들어야 합니다. 그러나 이것을 공표해서는 안 되는 게, 비뚤어진 사업가나 공무원, 정치인 또는 타협하여 안정을 찾은 교회의 지도자, 즉 단기간의 안전과 위안에 양심을 팔아 버린 교회의 지도자들이 적대하고 나설 수 있기 때문입니다. 교수님은 부디 그런 네트워크를 만드시기 바랍니다.

주 안에서 형제 된 대천덕 올림

하나님과 가이사

신앙계-산골짜기에서 온 편지, 1998. 02.

대천덕 신부님께

이번에 우리나라에서 꽤 공정한 선거를 치르게 된 것을 자랑스럽게 생각합니다. 현재 많은 나라들이 독재정권 아래 있고, 또 많은 나라들이 부패한 체제 아래 지도자를 선출하기 때문에 투표는 진실로 국민을 대표하는 것이라기보다는 단지 민주주의를 흉내 낸 모조품에 불과합니다. 이런 점에서 우리나라에서 민주주의가 상당히 제 기능을 하고 있음을 하나님께 감사드립니다. 그러나 몇 가지 질문이 떠오릅니다. 이 모든 것이 과연 하나님께는 어떻게 보일까요? 우리 국민의 다수가 기독교인이 아니기 때문에 민주적 선거에 의해 비기독교인 정치인이 선출될 수도 있고, 신앙적이라 할 수 없는 제도를 창안하게 될 수도 있습니다.

기독교인이 대통령이 된다 해도, 어떤 정치체제가 과연 기독교적인지에 대해 의견이 다를 수도 있습니다. 또한 국회가 비기독교인들에게 장악될 수도 있고요.

이에 대한 성경적 인도하심을 찾으려 할 때 가장 먼저 떠오르는 말씀이 "가이사의 것은 가이사에게, 하나님의 것은 하나님에게 돌리라"는 것입니다. 가이사는 분명 기독교인이 아니었으며 강력한 독재자였습니다. 그러면 '가의사의 것'은 과연 무엇인가요? 이 구절에서 예수님이 뜻하는 바는 무엇인가요? 정부에 대해 기독교인들은 어떤 태도를 취해야 하는지요? 정부가 기독교적일 때와 그렇지 않을 때 어떻게 다른가요? '기독교적' 정부는 과연 어떤 정부인가요?

조주관 올림

조 형제님께

편지해 주셔서 감사합니다. 형제님께서는 최근의 선거에 대해 다루기보다는 성경에서 정치와 정부에 대해 어떻게 가르치는지 그 기본적 원리들을 알기 원하시는 것 같습니다. 저는 아주 오랫동안 이 문제에 지대한 관심이 있어 왔고, 그 사이 이 문제에 대한 제 생각은 수없이 바뀌었습니다. 제가 미국의 학교에서 배워 당연히 옳다고 여겼던 개념들이 꼭 그렇지만은 않다는 것도 알게 되었지요. 제가 공부한 신학교에서는 이런 주제들을 다루길 꺼렸습니다. 교수들마다 견해가 달랐지요. 이제 와 돌이켜 보면, 그 교수님들은 대부분 성경의 영향보다는 미국 문화와 자신이 자라 온 문화권의 영향을 받은 것 같습니다. 성경은 다양한 정부 형태로 모세 시대, 사사 시대, 열왕 시대, 그리고 가이사 시대의 정부를 다룹니다. 그러나 이 가운데 어느 것도 우리가 사는 현대의 세계와 별 관련이 없는 듯합니다. 저를 가르친 신학교 교수님 가운데 어떤 분도 성경이 정치적 문제에 해답을 줄 수 있다는 생각은 전혀 하지 못한 것 같습니다.

그러나 저는 시간이 지날수록 하나님께서는 모든 일에 관심을 갖고 계시며, 모든 일에 대한 단서들을 성경을 통해 우리에게 주셨기 때문에, 어떤 문제든 해결하기 위해 필요한 원리를 성경에서 찾을 수 있다는 결론에 이르게 되었습니다. 그러나 실제로 어떤 문제에 부딪혀 그 답을 성경에서 찾다 보면 종종 혼란스럽고 당황하곤 했지요! 그럴 때면 저는 처음으로 돌아가거나 자신에게 물어야 했습니다. 하나님께선 과연 내가 이 문제에 대한 답을 찾기 원하시는가? 내가 잘못된 질문을 하고 있는 건 아닌가? 그리고 저는 하나님의 관점에서 볼 때 어떤 문제는 우리가 상관할 바가 아닌 경우도 있다는 결론에 이르렀습니다. 그러나 정의에 대한 하나님의 관심은 성경에 너무도 뚜렷하게 나타나 있기 때문에 이것은 분명 우리가 상관해야 할, 우리의 일입니다. 문제는 우리가 어떻게 정의를 구현할 수 있느냐는 것입니다. 이는 물론 우리가 어떤 형태의 정부를 갖고 있느냐 하는 것과 밀접한 관련이 있습니다. 그러면 공정한 정부를 수립하는 성경적 방법이 있을까요?

하나님은 가난한 사람과 이방인과 고아와 과부의 하나님이며, 이런 사람들을 위해 정의를 실행하는 사람들을 축복하신다고 성경은 거듭 말합니다. 이런 말씀은 금세 '민주주의'에 대한 질문을 불러일으킵니다. 아마 빈민층이 절대 다수를 차지하는 나라에서는 민주화운동이 가난한 사람들에게 유익을 가져다줄 것입니다. 그러나 편안하고 번영된 삶을 누리는 '중산층'이 두터운 나라에서는 민주주의 정부가 중산층에 유리한 정책을 펼침으로써 가난한 자들에 대한 착취를 허용하는 정책을 용인할 수 있습니다. 이런 경우 민주주의는 하나님의 뜻이 아닐 것입니다. 어떤 나라에서는 힘 있는 지주계급이 정부는 물론 대중매체와 교육기관 등 모든 것을 통제하고 자신들의 이익에 반대표를 던질 사람들을 설득하여, 겉모양은 '민주주의' 같지만 실제로는 가난한 사람들을 무자비하게 착취하는 정책에 찬성표를 던지게 할 수 있습니다.

중국에서 민주화운동이 일어났는데, 중국 정부는 이 운동을 정부의 권위를 위협하는 위험한 것으로 여깁니다. 이 일은 정부에 대한 또 다른 성경 구절을 떠오르게 합니다. 예를 들면, 공산주의 정부를 염두에 두고 로마서 13장 1-3절을 찾아봅시다. "각 사람은 위에 있는 권세들에게 복종하라 권세는 하나님으로부터 나지 않음이 없나니 모든 권세는 다 하나님께서 정하신 바라 그러므로 권세를 거스르는 자는 하나님의 명을 거스름이니 거스르는 자들은 심판을 자취하리라 다스리는 자들은 선한 일에 대하여 두려움이 되지 않고 악한 일에 대하여 되나니 네가 권세를 두려워하지 아니하려느냐 선을 행하라 그리하면 그에게 칭찬을 받으리라."

이 진술은 '민주주의'를 주창하는 현대 국가들에서 인기 있는 견해와 완전히 모순됩니다. 민주주의에 대한 광범위한 관심은 언제 생겨났습니까? 기본적으로, 민주주의 대한 두 가지 다른 견해가 있는데, 모두 18세기에 생겨나서 우리에게로 이어져 왔습니다. 하나는 프랑스혁명의 이상으로 인본적인 것이며, 다른 하나는 미국독립혁명의 이상으로 신본적인 것입니다. 프랑스 사람들은 하나님께 관심이 없었습니다. 그들은 세상에서 인간이 가장 중요하며, 민주주의 혁명을 통해 인간은 스스로의 운명을 다스릴 수 있는 위치에 올라설 것이고 그것은 좋은 일이라고 생각했습니다. 그들은 인간이 본질적으로 선하며, 투표할 자유가 주어진다면 당연히 선한 것에 표를 던지리라고 생각했습니다.

반면에 미국 사람들은 모두가 종교의 자유를 찾아 신대륙에 온 사람들이기 때문에 미국혁명은 신본주의적 사상에 지배되었으며, 사람들에게 투표할 수 있는 자유가 주어진다면 '종교'의 가르침에 따라 투표하여 신을 따르는 정부를 수립할 것이라고 생각했습니다. 하나님께서 주관하시며 정부는 하나님의 뜻을 따라야 한다는 이 정신은 구약의 정신과 흡사합니다. 구약 선지자들이 책망했던 것과 같은 압박을 겪었기에, 초기 미국의 지도자들은 민주주의가 압박을 방지하고 하나님의 뜻에 따르는 정의를 가져오리라고 생각했습니다. 그리하여 "우리는 하나님(그리스도가 아니라)을 믿는다"는 것이 미국 사회의 표어가 되었습니다.

그러나 오늘날 미국은 유럽식 인본주의가 정신세계를 지배합니다. 특히 교육기관에서 그렇습니다. 미국은 역사가 짧기에, 미국 사회의 뿌리를 공부하면 할수록 미국보다 수백 년 이상 오래된 유럽의 문화를 만나게 됩니다. 그 결과 인간은 기본적으로 선하며, 인간은 선한 것을 원하고 (성경과 상관없이) 무엇이 선한지 알기 때문에, 민주주의는 정의를 가져오리라는 인본주의적 사상이 지배하게 되었습니다. 바로 이 개념이 믿지 않는 사람들 세계에 널리 퍼져 있으며, 민주주의가 인기를 얻게 만들었습니다. 공산주의 운동 또한 18세기 인본주의 사상의 산물이기는 하지만, 중국의 민주화 운동을 지배하는 정신도 이런 인본주의입니다. 아이러니는 공산주의가 가난한 자를 위한 정의를 선포한 성경적 개념에 기초한다는 것입니다. 그러나 가난한 사람들을 착취하는 사람들이 하나님을 믿는다고 너무나 자주 주장했기 때문에 공산주의는 하나님을 거절하게 된 것입니다!

민주주의의 개념이 인본주의라는 가짜 신(神)에 기초를 두고 있다면, 공산주의의 가짜 신인 칼 마르크스보다 나을까요? 어떤 가짜 신이 다른 가짜 신보다 나은 게 있을까요? 로마서 13장 1절이 우리에게 공산주의 정부를 어떻게 대해야 하는지 말해 줍니까? 선지자들 중에 누가 바벨론과 같은 우상 숭배하는 나라에 저항하라고 말한 적이 있습니까? 선지자들은 하나님의 백성들에게, 하나님께서 우상을 숭배하고 압제하는 정부를 세우신 것은 그들의 잘못 때문이라고 말했습니다. 예를 들어 예레미야 선지자의 예언의 많은 부분이 바벨론에 대한 것이었습니다. 예레미야서에는 바벨론에 대한 직접적 언급이 약 150회 나옵니다. 그중 한 예는 예레미야 20장 4절입니다.

"여호와께서 이와 같이 말씀하시되 보라 내가 너로 너와 네 모든 친구에게 두려움이 되게 하리니 그들이 그들의 원수들의 칼에 엎드러질 것이요 네 눈은 그것을 볼 것이며 내가 온 유다를 바벨론 왕의 손에 넘기리니 그가 그들을 사로잡아 바벨론으로 옮겨 칼로 죽이리라."

그다음 장에서는 유다 왕 시드기야가 바벨론에 대한 하나님의 말씀을 묻습니다.

"여호와께로부터 예레미야에게 말씀이 임하니라 시드기야 왕이 말기야의 아들 바스훌과 제사장 마아세야의 아들 스바랴를 예레미야에게 보내니라 바벨론의 느부갓네살 왕이 우리를 치니 청컨대 너는 우리를 위하여 여호와께 간구하라 여호와께서 혹시 그의 모든 기적으로 우리를 도와 행하시면 그가 우리를 떠나리라 하니 예레미야가 그들에게 대답하되 너희는 시드기야에게 이같이 말하라 이스라엘의 하나님 여호와께서 이와 같이 말씀하시되 보라 너희가 성 밖에서 바벨론의 왕과 또 너희를 에워싼 갈대아인과 싸우는 데 쓰는 너희 손의 무기를 내가 뒤로 돌릴 것이요 그것들을 이 성 가운데 모아들이리라······ 여호와의 말씀이니라 그 후에 내가 유다의 왕 시드기야와 그의 신하들과 백성과 및 이 성읍에서 전염병과 칼과 기근에서 남은 자를 바벨론의 느부갓네살 왕의 손과 그들의 원수의 손과 그들의 생명을 찾는 자들의 손에 넘기리니 그가 칼날로 그들을 치되 측은히 여기지 아니하며 긍휼히 여기지 아니하며 불쌍히 여기지 아니하리라 하셨느니라 여호와께서 말씀하시기를 보라 내가 너희 앞에 생명의 길과 사망을 길을 두었노라 너는 이 백성에게 전하라 하셨느니라 이 성읍에 사는 자는 칼과 기근과 전염병에 죽으려니와 너희를 에워싼 갈대아인에게 나가서 항복하는 자는 살 것이나 그의 목숨은 전리품같이 되리라······ 유다 왕의 집에 대한 여호와의 말을 들으라 여호와께서 이와 같이 말씀하시니라 다윗의 집이여

너는 아침마다 정의롭게 판결하여

탈취 당한 자를 압박자의 손에서 건지라

그리하지 아니하면 너희의 악행 때문에

내 분노가 불 같이 일어나서 사르리니

능히 끌 자가 없으리라"(렘 21:3-4, 7-9, 11-12).

하나님께서는 선지자들을 통해 당신의 주된 관심이 민족주의나 민주주의에 있는 것이 아니라 가난하고 억압받는 자들을 위한 정의의 실현에 있음을 분명히 하십니다. 예레미야는 유다 백성을 향한 하나님의 뜻이 바벨론에 복종하는 것임을 분명히 하고 있습니다.

"만군의 여호와 이스라엘의 하나님께서 예루살렘에서 바벨론으로 사로잡혀 가게 한 모든 포로에게 이와 같이 말씀하시니라 너희는 집을 짓고 거기에 살며 텃밭을 만들고 그 열매를 먹으라 아내를 맞이하여 자녀를 낳으며 너희 아들이 아내를 맞이하며 너희 딸이 남편을 맞아 그들로 자녀를 낳게 하여 너희가 거기에서 번성하고 줄어들지 아니하게 하라 너희는 내가 사로잡혀 가게 한 그 성읍의 평안을 구하고 그를 위하여 여호와께 기도하라 이는 그 성읍이 평안함으로 너희도 평안할 것임이라"(렘 29:4-7).

오늘날 민주화운동이 중국에서 반정부 선동 행위로 여겨지는 것처럼, 이 생각은 예레미야 시대의 사람들에게 반정부적 선동 행위로 여겨졌습니다. 하나님께서는 정부의 형태가 아니라 과연 그 정부가 정의를 실천하고 있는지에 관심을 두신다는 사실을 깨달아야 합니다. 다윗의 후계자로서 하나님께서 세우신 왕들이 온갖 불의와 핍박을 허용하자, 하나님께서는 그들을 버리시고 우상 숭배하는 나라를 일으키사 이스라엘을 멸하고 70년 동안 다스리게 하셨습니다.

사도 바울은 이 일에 대해 에베소서 6장 12절에서 이렇게 말했습니다.

"우리의 씨름은 혈과 육을 상대하는 것이 아니요 통치자들과 권세들과 이 어둠의 세상 주관자들과 하늘에 있는 악의 영들을 상대함이라."

우리가 싸워야 할 대상은 인간이 세운 정부가 아니라 보이지 않는 악의 세력입니다. 우리는 이 악과 싸울 때 정치적 선동이 아니라 영적 무기 즉 기도로써 대항해야 합니다. 사도 바울은 골로새서 1장 16절에서 다시 한 번 말합니다.

"만물이 그에게서 창조되되 하늘과 땅에서 보이는 것들과 보이지 않는 것들과 혹은 왕권들이나 주권들이나 통치자들이나 권세들이나 만물이 다 그로 말미암고 그를 위하여 창조되었고."

사도 바울은 여기서 정치적 권세와 악마의 권세 모두를 포함시킵니다. 그들은 하나님의 목적을 달성하기 위해 하나님께서 만드신 것입니다. 만약 우리가 '비민주주의적' 정부를 전복시키려고 노력하는 것이 우리의 의무라고 생각한다면, 우리는 하나님에 대항하는 것이 됩니다! 이 점은 골로새서 2장 10절에서 다시한 번 강조되고 있습니다.

"너희도 그 안에서 충만하여졌으니 그는 모든 통치자와 권세의 머리시라."

모든 정사와 권세란 우리가 현실 속에서 공정하다고 생각하는 정부와 불공정하다고 생각하는 정부 모두를 포함합니다. 하나님께는 당신의 때와 당신의 방법이 있습니다. 그분은 정의의하나님이지만, 행악자를 벌하고 정의로운 자를 상 주시는 당신만의 방법을 갖고 계십니다. 그분이 머리가 되시며, 우리가 그의권위를 강탈하는 것은 원치 않으십니다.

사도 바울은 디도서 3장 1-2절에서 다시 한 번 이에 대해말합니다.

"너는 그들로 하여금 통치자들과 권세 잡은 자들에게 복종하며 순종하며 모든 선한 일 행하기를 준비하게 하며 아무도 비방하지 말며 다투지 말며 관용하며 범사에 온유함을 모든 사람에게 나타낼 것을 기억하게 하라."

이것은 정부가 선거를 실시하거나 언론의 자유를 허용할 때,우리가 정치적 행동에 참여해서는 안 된다는 뜻이 아닙니다. 이구절이 의미하는 것은 남을 비방하거나 다툼으로써 언론의 자유를 남용해서는 안 된다는 것입니다. 기독교인의 정치적 논평은 정중하고 사려 깊어야 합니다. 그러나 실제로 성경은 인격보다는 하나님의 뜻을 행하는 것을 강조합니다. 우리의 정치제도는 정책보다는 인물 중심으로 세워져 있습니다. 하나님은 정책과 행동에 관심을 두십니다. 마태복음 7장 21절을 봅시다.

"나더러 주여 주여 하는 자마다 천국에 다 들어갈 것이 아니요 다만 하늘에 계신 내 아버지의 뜻대로 행하는 자라야 들어가리라."

예수님을 '주님'이라고 부르는 정치가들도 있겠지만, 과연 그들이 하나님이 원하시는 일을 하고 있는가가 중요합니다. 스스로를 기독교인이라고 하면서 하나님의 뜻을 행하는 데는 관심이 없는 정치가보다는, 비기독교인이라도 하나님의 뜻을 행하겠다고 공약하는 정치가를 뽑아야 합니다.

우리는 정의의 실천에 관심을 두어야 합니다. 불행히도, 제가 다른 곳에서 지적한 바와 같이 성경 번역자가 '체데크'라는 단어와 그와 관련된 단어들을 열 군데 중 두 군데에서만 '정의'로 번역하였습니다. 다른 곳에서는 정의가 경제나 정치적이기보다는 종교적이거나 개인적인 예의와 관련이 있는 것처럼 번역되었습니다.

예수님께서 "가이사의 것은 가이사에게, 하나님의 것은 하나님에게 돌리라"고 하신 것은 당시 하나님을 믿지 않는 매우 독재적인 정부 치하의 상황에서 말씀하신 것입니다. 우리는 스스로에게 "무엇이 하나님의 것인가"를 물어보아야 합니다. 십계명을 살펴보면, 우리를 비기독교적 정부와 충돌하게 만드는 것이 거의 없음을 알 수 있습니다. 심지어는 바벨론 시대에도, 바벨론의 우상 숭배하던 통치자들도 일반적으로 백성들이 자신의 신을 섬기는 것을 허용했습니다. 질투심 많은 방백들이 다니엘을 죽이기 위해 유대인들이 지킬 수 없는 칙령을 일시적으로 내리게 한 적은 있습니다. 우리는 이런 일이 생길 것에 늘 대비하고 있어야 합니다. 20세기는 예수님이 오신 이래 어느 세기보다 구약 시대와 유사합니다. 20세기 들어 죽임을 당한 기독교인이 지난 1900년 동안 죽임 당한 기독교인보다 많습니다. 우리는 주님을 위해 목숨을 버릴 준비가 되어 있어야 합니다. 그러나 우리는 참견하고 이간질하는 자로서 곤경에 처해서는 안 됩니다(베드로전서 4장 15절을 보십시오). 사도 바울은 정부가 자신을 불공정하게 대접하자 가이사에게 송사하였습니다. 결국 그는 순교했으나, 수도 로마에서 복음을 자유롭게 증거할 수 있는 몇 년의 기간을 벌 수 있었습니다.

'기독교적' 정부란 무엇을 의미합니까? 아마도 하나님이 승인하시는 정부, 즉 성경에 나타난 하나님의 뜻을 행하려고 노력하는 정부를 뜻할 것입니다. 그러나 그런 정부를 찾기란 쉽지 않습니다. 오늘날 민주주의의 인기와 함께, 가난한 사람을 착취하여 이권을 얻으려는 사람들로부터 압력을 받지 않는 정부란 없습니다. 돈과 권력은 오늘날 지배적인 동기인데, 둘 다 우상숭배입니다. 하나님의 뜻을 따르는 정부란 땅을 사람들에게 임대해주고, 땅을 '영구히' 파는 것을 허용하지 않는 정부입니다. 오늘날 거의 모든 자본주의 국가에서는 토지의 '영구적' 매매가 행해집니다. 하나님의 뜻을 따르는 정부는 노동자들을 지나친 저임금으로부터 보호하는 정부일 것입니다. 또한 그런 정부는 실업자들에게 토지나 다른 어떤 것을 임대해 주어 일을 하고 스스로를 부양할 수 있게 해줄 것입니다. 하나님의 뜻을 따르는 정부는 과부와 고아를 돌보아 줄 것입니다. 나그네에게 친절하고 그들에게 삶을 영위할 길을 제공하는 나라는 세계 곳곳의 불공평한 나라에서 들어오는 이민자들로 넘쳐 나게 되지 않을까 염려할지도 모릅니다. 바로 이런 일들이 미국에서 일어났고, 미국 사람들은 세상에서 가장 가치 있는 자원은 사람이라고 인정하고 있습니다. 나그네를 환영하는 동안에는 미국은 번영했고 발전했습니다. 그러나 오늘날 미국이 변화된 정책을 발전시켜 나감으로 미국의 번영은 쇠퇴하고 있습니다. 하나님의 뜻을 따르는 정부란 높은 금리로 인해 사람들이 착취받는 것을 허용치 않으며, 사업을 시작하거나 집을 짓는 데 필요한 신용을 사람들에게 제공하는 다양한 종류의 신용협동조합을 장려하는 정부일 것입니다. 이 모두는 분명한 성경적 가르침입니다. 이는 실용적이고, 번영을 가져오며, 빈부 격차를 최소화할 것입니다. 그러나 이런 원칙을 따르는 나라는 거의 찾아볼 수 없습니다.

유럽의 대부분의 국가들은 국교회를 가진 적이 있었고 스스로를 '기독교' 국가라고 여겼습니다. 그러나 17~19세기 동안 유럽은 세계로 나아가 권력을 장악하고, 아프리카와 아시아 사람들을 착취했습니다. 국가끼리 여러 전쟁을 거친 뒤 전략이 바뀌어, 오늘날의 권력은 눈에 보이지 않게 경제적 통제로 행해집니다. 이 방법은 피는 덜 뿌릴지 몰라도, 가난한 사람에 대한 착취를 확장하는 건 마찬가지입니다.

참되고 성경적이며 하나님의 뜻에 합당한 정부들이 세상에 세워지기를 기도합시다. 동시에, 예수님이 재림하시기 전 마지막 때에 잔인하고 무자비한 정부가 나타날 것을 예언한 성경 구절들을 주목해 봅시다. 우리의 힘을 어디에 쏟아야 할지 즉 얼마나 정의를 실천해야 하며 얼마나 사람들의 마음을 변화시켜 그리스도께로 인도해야 할 것인지를 주의 깊게 저울질해 봅시다. 우리에게 순종할 마음이 있다면, 성령께서 지혜를 주실 것입니다.

그리스도 안에서 형제 된 대천덕

인플레이션과 하나님의 법

통일논단, 1994.

하나님께서 말씀하시기를,

"너희는 재판할 때나 길이나 무게나 양을 잴 때 불의를 행하지 말고 공평한 저울과 공평한 추와 공평한 에바와 공평한 힌을 사용하라"(레 19:35-36).

"네 집에 두 종류의 되 곧 큰 것과 작은 것을 두지 말 것이요 오직 온전하고 공정한 저울추를 두며 온전하고 공정한 되를 둘 것이라 그리하면 네 하나님 여호와께서 네게 주시는 땅에서 네 날이 길리라"(신 25:14-15).

"한결같지 않은 저울추와 한결같지 않은 되는 다 여호와께서 미워하시느니라"(잠 20:10). (이것은 인플레이션을 하나님께서 미워하신다는 뜻입니다.)

"너희는 공정한 저울과 공정한 에바와 공정한 밧을 쓸지니"(겔 45:10).

"여호와께서 성읍을 향하여 외쳐 부르시나니…… 악인의 집에 아직도 불의한 재물이 있느냐 축소시킨 가증한 에바가 있느냐 내가 만일 부정한 저울을 썼거나 주머니에 거짓 저울추를 두었으면 깨끗하겠느냐"(미 6:9-11).

현대사회는 정확하고 정직한 무게와 도량형을 내세우지만, 금융 체계(은행과 화폐)의 부정직성은 그 말을 무색케 합니다. 은행과 정부는 아무것도 없는 데서 돈을 찍어 내서는, 마치 그것이 중요한 가치를 가진 것처럼 통용시킵니다. 그 결과, 모든 나라에서 화폐 가치는 계속 하락하고 노동자들은 아버지가 생활했던 것과 똑같은 금액으로는 살 수가 없습니다. 제가 20대였을 때는 미국에서 숙련된 노동자 한 명의 노동이면 가족을 부양할 수 있었지만, 요즈음은 가장 높은 임금을 받는 노동자 부부가 함께 일해도 가족을 부양하기 힘들어 허덕입니다. 임금은 '인플레이션을 따라잡으려고' '올라가'지만, 절대 따라잡지 못합니다. 실질 임금이 계속 하락하다가 결국 위기가 닥쳐야 피를 뿌리면서 정의를 회복하려는 노력들이 생겨납니다. 이런 위기가 닥치기까지 '축소시킨' 에바로 인한 고통 속에서 괴로워하는 사람들은 점점 늘어갑니다.

거의 천 년에 걸쳐—레위기에서 모세를 통해 주어진 기본 율법으로, 다시 약속된 땅에 들어가기 전날 약속을 새롭게 하면서, 그리고 솔로몬에 의해 다시, 미가에 의해 다시, 그리고 에스겔에 의해 메시아 아래 이스라엘이 회복될 미래를 내다보면서 다시 한 번—나타나는 주님의 말씀을 보면, 하나님께선 저울과 추를 진지하게 생각하신다는 걸 알 수 있습니다. 왜? 그것은 정의의 체계의 일부를 이루기 때문입니다. 인플레이션은 불의이고 하나님께서 미워하시는 가증한 것입니다.

인플레이션을 발생시키는 것은 무엇일까요? 은행과 정부는 예금자가 요구하면 언제든 지불할 수 있는 돈이 있다고 증명하는 증서를 발행합니다. 사실 그런 돈은 없습니다. 그들은 거짓말을 하고 있는 것입니다. 우리의 교환권, 예를 들어 1000원, 5000원권 지폐는, 인감이며 서명과 같은 온갖 법적 장치들과 함께, 교묘한 거짓말입니다. 이렇게 보증된 거짓말로 사업을 하면서 어떻게 하나님께서 이 나라를 축복하실 것을 기대할 수 있겠습니까? 왜 이런 일을 하는 것일까요? 은행의 경우에는 탐욕 때문입니다. 정부의 경우에는, 가진 돈보다 더 많은 돈을 쓰기 때문입니다. 정부는 돈을 빌리고, 그 돈을 갚기 위해 어딘가에서 훔쳐 와야 합니다. 정부가 권위를 이용하여 돈을 찍어 내는 건 모든 국민들로부터 일정한 비율의 돈을 훔치는 것입니다. 그러나 이 일이 모두에게 똑같은 영향을 끼치는 건 아닙니다. 하루 벌어 하루 사는 사람들, 즉 가난한 사람들에게 타격이 큽니다. 날마다 오늘 번 돈이 어제 벌이보다 조금씩 적게 됩니다. 저축을 한다 해도, 이자로 얻는 만큼 인플레이션으로 잃게 됩니다.

오늘날의 러시아처럼 많은 나라에서 경제가 혼란에 빠지면, 저축한 돈이 어느 날 갑자기 휴지 조각이 되어 버립니다. 차갑고 척박한 기후 속에 탄광에서 일하면서, 열심히 저축하여 충분한 돈이 모이면 다른 곳으로 이주할 계획을 세우고 살아가던 부부는 어느 날 갑자기 인플레이션으로 평생 저축한 돈이 날아간 걸 알게 됩니다. 이들은 그렇게 떠나고 싶어 하던 마을에서 죽을 때까지 살도록 무기형을 받은 것입니다. 정부와 은행은 온갖 실제적인 목적을 위해, 그들이 노동으로 얻어 낸 보상을 강탈하고, 그들을 노예로 만들어 버린 것입니다. 하나님께서는 이런 일을 미워하신다고 말씀하십니다. 그런데 우리는 정부와 은행이, 땅이나 보석을 갖지 못한 사람들의 돈을 도적질하는 걸 팔짱만 낀 채 그냥 보고만 있어도 되는 걸까요?

우리는 땅 투기를 하면서 은행이나 정부가 하고 있는 것보다 더 큰 도적질을 하려는 것은 아닌가요? 많은 사람들이 그 길을 선택했습니다. 우리 그리스도인들은 이 문제를 깊이 생각하고, 기도하고, 토론하며, 성령이 이 문제에 대해 어떻게 말씀하시는지 구해야 할 것입니다. 그분은 오랫동안 우리와 함께 계셔 왔고, 답을 알고 계십니다. 진정 답을 구하겠습니까?

진짜로 변하지 않는 가치들이 있습니다. 감자를 키우는 데

드는 노동 시간, 한 사람이 건강하게 살기 위해 먹어야 할 감자의 수 등. 사람들이 자기 땅에서 농사를 지으며 시장에 가지 않아도 된다면, 그들은 오랜 기간 동안 같은 생활수준을 유지할 수 있습니다. 그러나 그들이 감자를 키우는 데 들어간 비용보다 싼 값에 감자를 팔아야 하고, 대신 감자를 팔아서 번 돈보다 비싼 값에 쌀을 사야 한다면, 큰 곤경에 빠지게 됩니다. 한편 토지 가치를 관리하지 않는 나라에서는, 다시 말해 정부가 국유지의 임대료를 걷지 못하는 곳에서는 사람들이 계속 인플레이션에 허덕일 뿐만 아니라, 어떤 사람들은 인플레이션과 아무 상관없이 점점 더 부자가 됩니다. 권력자들은 서로 경합해 더 높은 땅값을 매기고, 땅값은 계속 올라갑니다. 인플레이션 비율이 10퍼센트라면 토지 '가치'의 상승률은 50퍼센트나 100퍼센트, 아니 더 높아질 것입니다. 바로 이 때문에, 인플레이션의 타격을 받지 않기 위해 땅에 투자한 사람들이 자기가 쓸 수 있는 모든 권력과 힘을 동원해(보통 땅이 많으면 권력도 많지요) 정부가 토지가치세를 부과하지 못하도록, 토지 임대료를 징수하지 못하도록 싸우는 것입니다. 그들은 "토지를 영영히 팔지 말 것은 토지는 다 내 것임이라"는 주님의 가르침을 싫어합니다. 선지자나 설교자가 이런 얘기를 시작하면, 그들은 이런 얘기를 하는 사람을 웃음거리로 만들거나 필요하면 생명을 위협해서라도 침묵시킬 방법을 찾기 시작합니다.

'이자'에 대한 성경적 대답

통일논단, 1994.

친구 여러분, 지난번 제가 내드린 숙제를 하셨겠지요? 레위기 25장에 나오는 이자에 관한 율법을 읽어 보셨나요? 그렇다면 하나님의 백성은 빌려 준 돈에 대해 이자를 받지 않는다는 걸 아셨겠지요. 이것은 현재 경제체제에 정반대되는 것입니다! 현대 경제체제는 이자를 통해 자본의 보상을 받는 것에 널리 기초해 있으니까요. 이 성경적 가르침의 도덕은 무엇이며, 이러한 성경적 가르침 뒤에 깔린 심리나 윤리는 무엇입니까? 우리가 사업을 하는 유일한 방법이라 여겨 온 것을 대체할 실제적인 대안이 있는 걸까요?

성경은 가난한 자들이 착취당하는 일에 기본적으로 관심이 있습니다. 저는 미국에서 한국인 친구에게 돈을 꾸는 이민자들을 보았습니다. 그들은 미국에서 신용을 쌓을 만큼 오래 살지 않았기 때문에 은행에 저당 잡히고 돈을 빌릴 수 있는 자산이 없습니다. 그들은 한국인 친구에게 돈을 빌려 세탁소를 시작합니다. 꽤 잘 됩니다. 그들은 아주 열심히 일하면서 손님들에게 최고의 서비스를 제공하고 손님들은 만족합니다. 사업은 성공적입니다. 그러나 그들이 빌린 돈의 이자가 너무 높아서 번 돈을 다 잡아먹고 결국에는 파산합니다. 이런 일이 바로 성경이 피하고자 하는 일입니다. 사업을 시작하거나 농사를 짓기 위해 돈을 빌려야 한다면, 그 빌린 돈은 그들을 파멸시키지 않을 조건으로 주어져야 합니다.

중세에는 교회가 '이자'와 '고리채'를 구분함으로써 이 원칙을 분명히 했습니다. 일정하게 정해진 이자율보다 높으면 고리채로 여겨져 법을 어기는 부도덕한 행위로 간주되었습니다. 이러한 관념은 지금도 서구에서 널리 받아들여지고 있습니다. 그러나 상대적으로 낮다는 은행 이자도 여전히 높아서 다음 두 가지 문제가 여전히 있습니다. 첫째, 극빈층 사람들은 은행에서 돈을 빌릴 수가 없고, 둘째, 어떤 사람은 단지 돈을 빌려 주는 것만으로 부자가 될 수 있다는 것입니다.

성경은 이러한 두 가지 문제에 주목합니다. 하나님은 농사나 사업을 시작하기 위해 자본이 필요한 사람은 누구나 아주 낮은 이자나 이자 없이 돈을 빌릴 수 있기를 원하십니다. 하나님은 이자가 무거운 짐이 되기를 원치 않으십니다. 하나님은 일하지 않고 돈을 버는 사람들에게도 관여하십니다. 은행에서 일하는 직장인이 월급을 받는 것과 주식을 가진 사람이 일하지 않으면서 점점 더 부유해지는 것은 다른 문제입니다. 돈 관리의 윤리를 이해하기 위해서는 하나님께서는 각 사람이 (특별한 장애가 없다면) 자신의 생계를 위해 일하기 원하신다는 것을 알아야 합니다. 일하지 않으면서 살아가는 사람은 누구나 기생충이요 가난한 사람의 압제자입니다. 지금도 노동자들이 자신의 노동의 대가로 받아야 할 것이 공제되어, 일하지 않는 자들의 주머니 속으로 흘러 들어가고 있습니다. 이것은 착취입니다. 이것은 윤리적으로 말하면, 한 사람이 여러 농장을 사서 모든 농부들에게 수확의 일부를 가져오게 하는 것이나 마찬가지입니다. 지주는 일하지도 않으면서 점점 더 부유해지는 반면, 고된 일을 하는 농부들은 그나마 풍년이면 가까스로 연명할 수 있지만, 흉년이 들면 굶어 죽기도 합니다. 이런 예의 가장 극단적인 형태를 동남아시아의 많은 나라에서 볼 수 있습니다. 이 나라들은 토양이 더없이 비옥하고 기후가 좋은데도 말입니다! 역사를 통해 볼 때 가장 생산성이 높은 나라들에서 가장 심한 빈곤과 굶주림이 나타났습니다. 추운 나라들에서는 상대적으로 이런 문제가 덜했습니다.

레위기 25장에 언급된 또 다른 원칙은 7년마다 빚을 탕감해 주는 것입니다. 당신에게 빚진 사람이 안식년까지 갚지 못했다면, 그 빚을 탕감해 주어야 합니다. 이에 대해서는 단 두 가지 사례만이 구약에 기록되어 있습니다. 하나는 히스기야 시대, 곧 앗시리아가 예루살렘을 포위했을 때 희년과 그 전 해인 안식년을 지킨 것입니다. 다른 하나는 바벨론에 의해 예루살렘이 포위되었을 때 시드기야가 안식년을 선포한 것입니다. 예레미야는 사울 왕이 이스라엘 왕국을 세운 이래로 지키지 못한 70년의 안식년을 보충하기 위해 70년 동안 땅이 묵혀지게 되리라고 예언했습니다. 실제로 땅이 묵혀진 기간은 40년이었던 것 같습니다. 아마도 안식년을 지키지 못했던 기간은 오므리 왕조 때부터 시작하여 280년이었기 때문이 아닌가 합니다(미 6:16). 우리가 외경인 마카베오서를 가끔씩 읽어야 하는 이유 중 하나가 마카베오서에는 그리스도께서 오시기 직전에 일어난 개혁이 기록되어 있기 때문인데, 여기에는 희년과 안식년이 포함됩니다.

안식년에 부채를 탕감하는 것은 사업 원칙이나 경제체제와는 상관이 없습니다. 이것은 성경이 말하는 '공의'의 영역이 아닙니다. 낮은 이자로 빌려 주는 건 '공의'라 할 수 있지만, 원금 상환이나 이자와 상관없이 빚을 완전히 탕감해 주는 건 '자비'에 해당합니다(참고. 미 6:8).

이러한 성경적 원리를 이 시대에 알맞게 적용할 수는 없을까요? 정부가 이자율을 규제하는 것이 답이 될까요? 저는 인건비를 지불하고 조합을 운영해 나가는 데 필요한 만큼의 이자만 받는, 즉 이익도 손실도 없는 신용조합이나 신용협동조합이 필요하다고 믿습니다. 미국에는 이런 신용조합들이 많이 있습니다. 또 정확하게 같은 원리로 운영되는, 즉 은행을 유지하는 데 필요한 만큼의 이자만 받는 개인은행도 있습니다. 여유 자금이 있지만 스스로 투자할 계획이 없는 사람들은 인플레이션에 의한 손실을 보충할 만한 이자만을 받고 이런 신용협동조합에 돈을 맡겨, 그 돈을 사용할 수 있게 해야 합니다.

만일 우리가 하나님의 정의의 율법(조합을 간신히 운영할 만큼만 이자를 받고 돈을 빌려 주는 신용협동조합)과 자비의 율법(7년마다 부채를 탕감하는 것)을 지킨다면, 가난한 사람이 거의 없는 건강한 경제가 될 것입니다. 모두가 남을 착취할 생각 따위 없이, 각자 자기 생계를 위해 일하도록 격려받을 것입니다. 이것이 바로 공산주의자들이 약속했지만 실현시키지는 못했던 사회입니다. 만일 우리 그리스도인들이 이러한 개념을 진지하게 받아들이고 실행에 옮긴다면, 우리는 매력적이면서도 실현 가능한 프로그램을 북한의 형제들에게 제안할 수 있을 것입니다. 만일 우리가 지금의 탐욕적이고 착취적인 정책들을 지속한다면, 우리가 북한을 다루어야 할 때 분노와 증오, 탐욕과 쓴 뿌리만을 불러일으킬 것입니다. 이제 토지뿐만 아니라 돈의 영역에서도 성실하게 기독교적 경제체제로 바뀌어 갈 수 있도록 은혜를 베풀어 달라고 기도합시다.

4부

어떻게
살아야
하는가?

노동에 대한 그리스도인의 이해

월간 길, 1997. 01.

노동에 대한 그리스도인의 태도가 어떠해야 하는지에 관련해서, 특히 더럽고 위험한 일이나 불쾌한 일, 고된 노동에 대해 그리스도인들은 상당히 당혹감을 느끼는 듯합니다. 하나님은 농사나 공사장 일, 공장 노동 같은 육체노동과 비교해서 사무직을 어떻게 보실까요?

먼저 창세기의 몇 구절을 읽어 보는 것으로 시작해 봅시다. 여기에는 노동에 대한 하나님의 생각과, 아담과 아담의 노동에 대한 하나님의 태도가 나와 있습니다.

하나님이 지으신 그 모든 것을 보시니 보시기에 심히 좋았더라 저녁이 되고 아침이 되니 이는 여섯째 날이니라(창 1:31).
하나님이 그가 하시던 일을 일곱째 날에 마치시니 그가 하시던 모든 일을 그치고 일곱째 날에 안식하시니라(창 2:2).

하나님이 그 일곱째 날을 복되게 하사 거룩하게 하셨으니 이는 하나님이 그 창조하시며 만드시던 모든 일을 마치시고 그 날에 안식하셨음이니라(창 2:3).

여호와 하나님이 흙으로 각종 들짐승과 공중의 각종 새를 지으시고 아담이 무엇이라고 부르나 보시려고 그것들을 그에게로 이끌어 가시니 아담이 각 생물을 부르는 것이 곧 그 이름이 되었더라(창 2:19-20).

땅은 너로 말미암아 저주를 받고 너는 네 평생에 수고하여야 그 소산을 먹으리라 땅이 네게 가시덤불과 엉겅퀴를 낼 것이라…… 네가 흙으로 돌아갈 때까지 얼굴에 땀을 흘려야 먹을 것을 먹으리니(창 3:17-19).

이 구절들에는 한 가지 이상의 노동이 나타납니다. 사실 히브리어로는 노동에 해당하는 각기 다른 낱말이 적어도 여덟 개 이상 쓰였습니다. 그중 하나는 단순히 무언가 하는 것입니다. 잠언 21장 25절에 어떠한 일도 하기 싫어하는 게으른 자에 대한 말씀이 나옵니다. 이것은 창세기 2장 3절에 "하나님께서…… 모든 일을 마치시고 이날에 안식하셨음이니라"는 말씀에 쓰인 단어입니다. 창조를 위한 노동에는 다른 단어가 쓰입니다. 하나님이 행하신 일에 대하여 말할 때 쓰인 단어는 행하신 일의 결과, 노동의 산물을 뜻합니다. 이 단어 '멜라카'(mela'kah)는 비천한 일에는 결코 사용되지 않습니다.

이 구절들뿐만 아니라 성경의 다른 많은 구절을 통해 우리는 하나님께서 일하시고, 또 인간도 유익한 일과 창조적인 일을 분주히 하라고 하나님께서 자기 형상을 따라 인간을 만드셨음을 알게 됩니다. 우리는 아담이 각종 동물의 이름을 짓는 걸 봅니다. 이것은 오늘날 과학자들이 하는 일이며, 전혀 쉽지도 않고 또 상당한 시간이 요구되는 일입니다.

아담에게 내려진 저주는 그의 땅이 척박하게 되어 잡초가 무성하게 되리라는 것입니다. 이로 인해 먹을 것(과 입을 것, 살 곳)을 충분히 얻기 위해서는 땀을 흘려야 할 것이라고 했습니다. 세상에는 토양이 매우 비옥하고 생산적이며 최소한의 노동만으로도 잡초를 제거하고 유용한 작물들을 재배할 수 있는 곳이 많이 있기 때문에 아담에게 내려진 이 저주는 나머지 인류 전체에까지 확장되지는 않은 것으로 보입니다. 사실 하나님은 이스라엘 백성들에게 '젖과 꿀이 흐르는' 땅을 주셨는데 이것은 아담에게 주신 땅과는 정반대입니다. 이스라엘 백성은 마땅히 했어야 하는 만큼 땅을 잘 돌보지 못해서 땅의 비옥함을 잃어버렸습니다. 이와 같은 일은 현대 세계에서도 자주 일어납니다.

오늘날 우리가 직면하는 문제들은 대부분 우리 자신의 죄에서 나온 것이지 아담의 죄로부터 나온 것이 아닙니다. 우리는 너무나 욕심으로 가득 차서, 다른 사람들의 땅을 탈취하고 그들로 하여금 강제로 우리를 위해 일하도록 만들고, 저임금에 장시간 동안 힘들고 불쾌한 일(위험하고 더러운 일)을 하게 만듭니다. 이것은 인간에 의한 인간의 착취이며 성경은 여러 차례에 걸쳐 그러한 행위를 강하게 비난하고 있습니다.

오늘날 우리가 살고 있는 체제는 기독교 체제가 아니라 탐욕스럽고 무자비한 사람들에 의해 구성된 체제이기 때문에, 많은 선량한 사람들이 그들 잘못이 아닌데도 고된 중노동을 해야만 합니다. 단지 그들이 이 체제에 대항할 수 없기 때문입니다. 설사 하나님께서 우리에게 주신 창조적인 두뇌로 노동을 절감하는 온갖 기계를 개발한다 할지라도, 착취자들은 그것 또한 통제해서, 결국은 악용할 것입니다.

사도 바울은 스스로 생계를 해결하기 위해 자신이 한 일을 '고된 노동'이라고 표현했는데, 이 말은 마태복음 11장 28절(수고하고 무거운 짐 진 자들아 다 내게로 오라 내가 너희를 쉬게 하리라)에서 쓰인 것과 같은 희랍어입니다. 바울이 예수님께 왔을 때 예수님이 그에게 쉼을 주셨나요?

바울은 하나님의 일—듣는 이들에게 대가 없이 복음을 전하는 일(딤전 2:9; 딤후 3:8)—을 계속 해나가기 위해 닥치는 대로 무슨 일이든 열심히 했으며, 체제와 싸우느라고 시간을 낭비하지 않았습니다. 그는 단지 복음 전하는 일을 계속했습니다.

현대 그리스도인으로서 우리는 다른 소명을 가질 수 있습니다. 어떤 사람들은 바울처럼 사람들을 예수님께 인도하느라 너무나 분주한 나머지(여기서 분주하다는 말은 '노동'이라고 번역되는 히브리어 중 하나입니다) 체제를 변화시키는 데 힘쓸 여력이 없습니다. 또 어떤 사람들은 사회에서 선지자 노릇을 하며 하나님의 법을 위반하는 것을 폭로하는 부르심을 받을 것입니다(여기서 하나님의 법은 레위기 25장과 그 뒤에 나오는 장들, 그리고 신명기에서 누차 반복되어 '정의'라는 용어 아래 선지자들이 거듭 강조하는 하나님의 토지법과 재정에 관한 법을 말합니다). 또 국가 및 지방정부로 하여금 공의로운 법률을 제정하도록 촉구하는 일에 부르심을 받을 수도 있습니다. 그들이 얼마나 공의를 실행하도록 만드느냐에 따라 생계를 위해 일하는 사람들의 여건이 나아질 것입니다.

어떤 형태의 착취라도 착취는 다 악한 것이며 우리 가운데 어떤 사람들은 우리가 속한 세상이나 지역사회에서 발생하는 착취의 양과 정도를 줄일 수 있는 방법을 찾아내도록 하나님의 부르심을 받게 될 것입니다.

결론적으로 말해서 하나님은 항상 무엇인가 하고 계신 분이라고 말할 수 있습니다. 그것이 항상 창조적인 일만은 아닙니다. 왜냐하면 우리의 잘못을 바로잡고 우리가 어질러 놓은 것들을 정리하는 데에도 많은 에너지를 쏟아부어야 하기 때문입니다. 그와 같은 일은 '비참한 노동'이 될 것입니다(이것에 해당하는 특별한 히브리어 단어가 있습니다). 그분은 우리도 그분의 모범을 따르기를 기대하십니다. 노동은 즐겁고 창조적인 것이어야 합니다. 그러나 동료를 착취하는 인간의 죄악 때문에, 그럴 필요가 없는데도 더럽고 위험한 것이 되어 버립니다. 우리가 그렇게 할 수 있는 지위에 있다면 체제를 개선하려 해야 합니다. 우리에게 권력이 없다면, 체제가 허용하는 어떠한 종류의 일이라도 해나가되 그 일을 하나님께 하듯 합시다. 동시에 하나님께서 그 일을 축복하시고 사용하시도록 기도하고 만일 그 일이 하나님께서 원하시는 일이 아니라면 변화시켜 주시도록 기도합시다.

주님께서 나를 불쾌한 종류의 일에 놓으셨다면 아마도 그 이유는 같은 일터에서 일하는 다른 사람들을 돕고 그들을 예수님께로 인도할 수 있도록 하기 위함일 것입니다. 사무직에 종사하는 사람들은 그들을 전혀 설득할 수 없을지 모릅니다. 같은 처지에 있는 사람만이 진실로 그들의 입장에서 석절한 용어로 대화할 수 있고, 그들에게 주님을 소개할 수 있을 것입니다. 주님은 만물을 창조하시고, 우리에게 어떻게 살아야 할지 가르쳐 주셨으며, 십자가에서 흘리신 보혈로 우리가 잘못했을 때 우리를 용서해 주십니다. 그분은 성령을 보내셔서 삶에 대한 우리의 태도를 변화시키고, 우리 마음에 기쁨과 평화가 넘치게끔 하시며, 이웃을 사랑하고 하나님을 사랑하며 또한 하나님의 사랑을 받는 사람으로 만들어 주십니다. 만일 하나님을 내 상관으로 모신다면, 다른 어떤 상관도 내 삶을 망칠 수 없습니다! 하나님께서 나에게 주신 어떠한 종류의 일이라도 기쁨이 될 수 있습니다.

기독교 노동윤리

군복음화 후원회 원고, 1997. 07.

모든 문화에는 노동윤리가 존재합니다. 그러나 그 문화에 속한 사람들은 자신의 노동윤리를 인식하지 못하곤 합니다. 한국인은 열심히 일하기로 유명합니다. 그러나 왜 일을 하는지, 그리고 일에 대한 자신의 태도가 과연 건강한 것인지에 대해 잘 생각해 보지 않으며, 특히 자신의 노동관이 기독교적인지에 대해서는 더더욱 생각해 보지 않습니다. 저는 요즘 일중독 때문에 심각한 무리가 와서 병원에 입원한 친구에게 장거리전화로 상담을 해주고 있습니다. 알코올중독자가 술을 '거절'할 수 없듯이, 친구는 일을 '거절'하지 못합니다. 긴 이야기를 간단히 말하면, 제가 보기에 대부분의 한국인은 가문에 영광을 가져와야 한다는 강한 동기에서 일하는 것 같습니다. 이런 노력을 게을리하면 불효라고 생각하는 듯합니다.

이러한 태도는 기독교의 영향이 아니라 유교의 영향임을 쉽게 알 수 있으며, 우리는 기독교 노동윤리가 기본적으로 어떠해야 하는지 쉽게 추론할 수 있습니다. 우리는 하나님의 영광을 위해 일합니다. 예수께서는 제자들에게, 하나님보다 가족을 우선으로 생각하는 사람은 제자가 되기에 합당하지 않다고 경고하셨습니다. 저는 가족이 저의 하나님이기 때문에 사랑하는 것이 아닙니다. 하나님께서 가족을 사랑하라고 하셨기에 사랑합니다. 그리고 저는 하나님께서 성령님을 통해 가족에게 사랑을 표현할 수 있는 지혜를 주시기를 구합니다. 만약 내가 가족을 최우선으로 놓지 않아서 가족이 저를 이해하지 못하고 배신감을 느낀다면, 저는 예수님을 위해 미움 받고 욕설을 들을, 어쩌면 핍박을 받을 각오까지 해야 할 것입니다.

우리는 하나님의 영광을 위해 일만 하는 것도 아니고, 하나님의 일을 하도록 강압을 받지도 않습니다. 만약 어떤 그리스도인이 강압에 눌려 일을 하는 것처럼 보인다면, 어쩌면 그 사람은 하나님을 사랑이 많은 주인이 아니라 무자비한 주인으로 여기고 있기 때문일 겁니다. 그는 하나님이 무어라 말씀하시는지 귀 기울여 듣지 않고, 그저 하나님께서는 그가 지쳐 쓰러질 때까지 일하기 원하신다고 생각합니다. 이것은 심리적 습관일 수 있는데, 그가 아버지나 다른 가족 구성원과의 관계에서 배운 것을 하나님과의 관계에도 그대로 끌어온 것입니다. 이런 사람이 진정한 쉼을 배우기 위해서는 내적 치유가 필요할 것입니다. 우리는 의무감에 몰려 일하는 게 아니라, 하나님의 일을 하도록 부르심을 받아서 사랑에 반응하여 일하는 것입니다. 우리의 일은 부르심입니다.

하나님께서는 여섯째 날에 인간을 창조하셨고, 그다음에 바로 일곱째 날이 시작되었습니다. 그러므로 사람은 안식일, 즉 쉬는 날부터 삶을 시작한 것입니다! 이 안식일은 하나님과 조용히 교제하는 날입니다. 안식일에 하나님은 인간에게 친구이자 사랑하는 아버지로 나타나셨고, 바로 다음 날에는 창조의 동역자로 인간을 불렀습니다. 사람은 하나님의 형상을 따라 지음 받았기 때문에 하나님의 창조를 도와 동물들의 이름을 짓고, 종과 변종을 구별하고, 소위 '정체성 분류' 작업을 했습니다. 그러나 하나님은 인간에게 초과근무를 요구하지 않으셨습니다. 긴급 상황은 없었습니다. 시원한 저녁에는 둘이 함께 동산을 거닐고, 밤에는 안식했습니다. 하나님이 하와를 창조하셨을 때 하와는 아담과 함께 분류하는 일도 했겠지만, 아담의 개인적인 필요를 보살피는 일, 예를 들면 맛있는 먹을거리나 함께 누울 편한 잠자리를 찾는 일에도 특별히 시간을 들였을 거라 확신합니다.

따라서 그리스도인의 노동윤리는 창세로 거슬러 올라가게 됩니다. 인간은 하나님의 형상으로 창조되었기 때문에 인간 역시 창조적인 일을 해야 합니다. 인간은 사랑하는 아버지를 위하여 일을 하기 때문에 자신이 하는 일에 열의를 품어야 합니다. 인간은 또한 하나님께 순종하므로, 하나님이 하라고 할 때까지만 일하고 하나님이 쉬라고 하면 쉽니다. 칠일째 안식일도 노동 윤리의 일부입니다.

시간이 지남에 따라 안식하는 날에도 쉬지 않고 해야 하는 특정한 활동들이 있음이 드러났습니다. 예를 들면 먹는 일이나 아이를 돌보는 일 같은 겁니다. 대체로 여자가 음식을 장만하고 아이에게 젖을 먹이므로 남자는 여자에게 안식을 주는 방안을 마련해야 했습니다. 그 방안 중의 하나가 소를 가축으로 기르고 소젖을 짜는 것이었습니다. 그런데 다른 날과 마찬가지로 안식일에도 소젖을 짜 주어야 합니다! 이제 어떻게 할까요? 종종 일 때문에 교회에 나가지 못하는 사람들을 만나는데, 누군가 꼭 해야 하는 일인 경우가 있습니다. 해답은 노동을 분담하고 교대로 일하는 데 있습니다('나눈다 = 코이노니아'가 열쇠입니다).

다른 한편으로 안식일에 반드시 일하지 않아도 되는 경우가 있습니다. 고용주가 탐욕이나 자기만족 때문에 노동자에게 강제로 일을 시키는 경우입니다. 그리스도인이라면 성경을 통해 이것은 하나님의 뜻을 거스르는 일이며 우상숭배임을 알 것입니다. 어떻게 해야 할까요? 우선 고용주에게 가서, 노동자들에게 하루 쉴 수 있는 기회를 준다면 나머지 6일 동안 훨씬 더 효과적이고 생산적으로 일하게 될 거라고 설득할 수 있습니다. 또는 노동조합에 가입하여 노동자들과 함께 고용주를 압박하여 정의를 요구해야 하는지, 성령님께 지혜를 구할 수도 있습니다. 예수님께서 이르시기를 "너희는 먼저 그의 나라와 그의 정의를 구하여라 (그리하면 이 모든 것을 너희에게 더하시리라)"(마 6:33) 하셨습니다. 반면에 주님께서 이 회사를 그만두고 다른 회사를 찾아보라고 말씀하실 수도 있고, 자영업을 시작해 보라고 하실 수도 있습니다. 이런 일은 믿음에 심한 압박이 되겠지요. 과연 "이 모든 것을 더하시리라"고 하나님을 신뢰할 수 있을까요? 우리 그리스도인의 노동윤리는 하나님의 공급하심을 믿는 그리스도인의 믿음에 의해 지지됩니다. 우리는 생계를 위해 일하지 않습니다. 우리는 하나님의 형상대로 창조 받았기에 일하고, 하나님께서 일하시기 때문에 일합니다. 예수님이 말씀하시기를 "내 아버지께서 이제까지 일하시니 나도 일한다"(요 5:17)고 하셨습니다. 하나님은 저를 창조적인 사람이 되라고 창조하셨으며, 자연(아름다움과 질서와 유용함)과 그리스도(화해와 모든 것을 새롭게 하는 것) 속에 하나님 자신을 나타내심으로써 창조의 모범을 보이셨습니다. 제가 하는 일은 하나님의 질서나 아름다움을 드러내거나 손상당한 것(육체적인 것이든 심리적인 것이든 심미적인 것이든 영적인 것이든)을 새롭게 하시는 하나님의 관심을 드러내는 형태를 띨 것입니다. 우리가 하는 일 가운데 가장 중요한 일은 (아무 대가를 못 받을 수도 있는데) 우리 옆의 친구와 동료들을 하나님과 화해시키는 일입니다. 예수님께서 바로 이러한 일을 하셨는데, "내가 하는 일을 너희도 할 것이다"라고 말씀하셨습니다. "내가 진실로 진실로 너희에게 이르노니 나를 믿는 자는 내가 하는 일을 그도 할 것이요 또한 그보다 큰 일도 하리니 이는 내가 아버지께로 감이라"(요 14:12).

우리의 일을 기쁜 마음으로 합시다. 왜냐하면 우리가 하는 일이 하나님의 일이요, 그것을 하라고 하나님께서 우리를 부르셨기 때문입니다. 하나님을 사랑하기에 전심을 다하여 합시다.

누구든지 일하기 싫어하거든

신앙계-산골짜기에서 온 편지, 1999. 02.

대천덕 신부님께

최근에 저는 한 친구를 통해 데살로니가후서 3장 10절의 "우리가 너희와 함께 있을 때에도 너희에게 명하기를 누구든지 일하기 싫어하거든 먹지도 말게 하라"라는 바울의 가르침을 강조하는 한 기독교 단체의 책자를 보았습니다. 신부님, 이 말씀이 퇴직한 뒤 저축으로 살아가는 사람들에게도 적용되는 것일까요? 또 건강한데 일을 찾지 못해 쉬고 있는 사람들에게도 적용될까요? 또 건강한 몸인데 주식거래에 의지해 살거나 가족에게 물려받은 주식으로 생활하는 사람에게도 적용되는 것인지요? 이외에도 다른 특별한 경우가 있나요?

신부님의 관점을 알려 주시면 감사하겠습니다. 신부님께서는 이 주제에 대한 성경의 다른 가르침에 대해서는 어떻게 생각하고 계신가요?

주님을 위해 일하는 송수민 올림

사랑하는 송 형제님,

형제님의 질문은 오늘날 우리가 살고 있는 이 바알 제도의 사회가 직면하기 싫어하는 것으로, 그리스도 안에서 이루어지는 성도의 코이노니아 말고는, 모두에게 만족스러운 답이 없는 문제입니다. 많은 사람들이 바알 제도에 사로잡혀 있으며, 설사 그것을 떨쳐 버리고 싶어 한다 해도 그러기가 쉽지 않습니다. 그렇지만 몇 가지 실제적 원칙들과, 현재 활용될 수는 없다 해도 우리 앞에 목표로 세울 수 있는 일반적 원칙까지 말씀드려 보겠습니다.

형제님께서는 제가 '바알 제도의 사회'라고 한 게 무얼 뜻하는지 아시겠지요. 구약을 보면, 아합 왕과 그의 아내 이세벨 같은 사람들과 엘리야나 엘리사 같은 선지자들 사이에 있어 온 오랜 갈등이 나옵니다. 전자는 이스라엘 백성들에게 바알이 하나님이라고 설득하려 했고, 후자는 야훼만이 하나님이라 주장했습니다. 야훼의 법은 모세오경에 기록되어 있고, 바로 이 율법 아래서 안정되고 공정한 경제체제가 유지될 수 있었습니다. 바알 제도는 원래 시돈(아합 왕의 왕비 이세벨은 시돈 왕의 딸입니다)에서 행해진 것으로, 이스라엘뿐만 아니라 카르타고를 거쳐 로마로, 다시 로마를 거쳐 우리가 살고 있는 현대 세계에까지 퍼진 것입니다.

이제 사도 바울의 가르침에 대한 형제님의 질문을 생각해 보겠습니다. 사도 바울은 교회의 후원을 받을 권리가 있었지만, 이 권리 행사를 마다한다고 가르쳤습니다. 그는 스스로 육체노동을 함으로써 본이 되고자 했습니다. 데살로니가에 있을 때, 그는 생계를 유지하기 위해 고된 육체노동을 했습니다. 그러고 나서 남는 짧은 시간에 가르치고 기도하고 성경을 연구했습니다. 그는 일하는 동안 기도했을 것이며, 또 잠시 틈이 나거나 자유로운 시간이면 실라와 함께 주님에 대해 이야기하거나 기도하고, 또 동료 일꾼들에게 주님에 대해 이야기했을 것입니다. 바울은 그 뒤 천막공장을 세우고 거기서 숙련공으로 일하면서 일하는 동안 가르치는 일도 병행했습니다. 바울과 함께 여행할 수 있었던 동료 사역자의 수(사도행전에서 그들은 간접적으로만 언급되다가, 20장 4절에 여러 사람이 기록된 명단이 나옵니다)에서 알 수 있듯이, 바울은 천막제조 사업에서 번 돈으로 그들을 도운 것이 분명합니다. 바울은 돌아다니며 교회에서 모금을 했지만, 그것은 자신을 위한 것이 아니라, 예루살렘 교회의 늙고 쇠약한 성도들을 위한 것이었습니다. 예루살렘 교회에는 다른 교회보다 나이 많은 사람이 많았는데, 그 까닭은 많은 유대인들이 말년을 보내려고 예루살렘으로 돌아왔기 때문입니다.

그러나 바울이 데살로니가 교회에 보낸 편지에서 다룬 문제는 교회 교사나 다른 전임 사역자의 생계를 지원하는 문제가 아니라, 코이노니아를 악용하는 사람들에 대한 것이었습니다. 당시 사람들은 그리스도인이 되면 바로 세례를 받고 코이노니아의 일원이 되었습니다. 코이노니아는 가족 같은 관계로서, 구성원들은 자기가 가진 모든 것을 나누었으며, 서로의 집에서 식사를 했습니다. 몸이 건강한 사람이 좋은 직업을 갖게 되면 다른 사람들과 함께 나누었고, 누군가 실직하거나 장애인이 되면 다른 사람들이 또 그와 함께 나누었습니다. 그런데 어떤 사람들은 충분히 일을 할 수 있는데도 코이노니아를 이용하여 빈둥거리면서 여기저기 다니며 다른 사람들의 일에 참견이나 하고 교회의 도움에 기대어 지냈습니다. 바울은 그런 사람들을 공짜로 먹여 줘선 안 된다고 단호히 말합니다. 그들도 무언가 쓸모 있는 일을 해야만 합니다. 만일 일자리를 찾지 못한다면 교회의 다른 사람들을 돕는 일, 정원을 가꾸거나 집수리를 하거나 아무튼 뭐든지 그들이 할 수 있는 쓸모 있는 일을 해야 하는 것입니다.

어떤 면에서, 기본적인 문제는 '착취' 또는 다른 사람들을 이용하는 것입니다. 데살로니가 교회의 경우 몇몇 사람들이 교회를 다른 사람들을 이용하거나 기만하는 구실로 이용했습니다. 이러한 착취는 우리 사회의 근본 문제로, 아주 여러 가지 형태로 나타납니다. 7세기에 로마 기독교인에 대한 북아프리카인들의 반란이 일어난 것은 땅을 소유하거나 수익이 많은 사업을 하고 있던 기독교인들이 북아프리카 소수민족과 가난한 사람들을 착취했기 때문입니다. 중동 사람들이 비잔틴 기독교인들에 대해서도 똑같은 종류의 반란을 일으켰는데, 이 반란이 모하메드교를 일으켰습니다. 착취당한 산업 노동자들이 러시아정교회의 기독교인에 대해 일으킨 반란도 똑같은 종류의 것으로, 이 반란이 러시아에 공산주의를 일으켰고, 여러 다른 나라에서 착취당한 사람들의 분노가 공산주의를 널리 퍼뜨렸습니다.

성경은 누구든 착취하는 것을 금합니다. 우리는 서로를 이용하는 것이 아니라, 서로를 섬겨야 합니다. 문제는 우리의 체제가 여러 가지 형태의 간접적인 착취를 합법화하고 있다는 것입니다. 개인적으로 아는 사람이라면 그 사람을 착취하려고 생각조차 해본 적이 없는 사람이라 할지라도, 사람들을 착취하고 그 착취로 상당한 이익을 얻는 기관에 투자함으로써 간접적인 착취를 할 수 있습니다. 때로 나와 착취당하는 사람이 서너 단계쯤 떨어져 있을 수 있습니다. 그러나 그 단계들을 거슬러 올라가면 나 자신이 착취당하는 어떤 사람으로부터 이익을 얻고 있다는 것을 알게 됩니다.

바로 이 때문에 성경은 이자를 금하고 있습니다. 만일 내가 어떤 사람에게 돈을 빌려 준다면, 나는 그가 삶에서 새로운 시작을 할 수 있도록 그를 돕는 것입니다. 그러나 만일 내가 그에게 일종의 사례를 받는다면, 나는 그 사람을 이용하여 나 자신을 부양하도록 하는 것입니다. 만일 빌려 준 돈에 이자가 없다면, 그는 짧은 기간 안에 돈을 갚을 수 있을 것입니다. 하지만 그에게 높은 이자를 물리면, 그는 빌린 돈을 결코 갚을 수 없게 되고, 어쩌면 평생 자기 자신을 위해 일할 뿐 아니라 나를 위해서도 일하는 셈이 될 것입니다. 나는 손가락 하나 까딱하지 않고 그 사람으로부터 이 모든 돈을 받는 것입니다. 나는 그를 착취하는 것입니다.

만일 내가 돈을 은행에 넣고 이자를 받는다면, 나는 은행으로 하여금 높은 이율로 사람들에게 돈을 빌려 주도록 해서, 돈을 빌린 사람이 은행과 나를 부양하도록 하는 것입니다. 결국 은행주와 나는 이 비참한 사람에게서 이득을 취하는 것입니다. 그는 평생 빚에서 헤어나지 못하고 나와 은행을 부양하는 데 보내야 할 것입니다. 어쩌면 은행은 제조업체에 돈을 빌려 주어 땅을 더 많이 사거나, 새로운 건물을 짓거나, 새로운 설비를 들여올 수 있게 해줄 수도 있습니다. 때문에 기업은 빌린 돈의 이자를 내고 주주들에게 이익을 배당할 수 있는 만큼 충분한 이익을 내야만 합니다. 이 경우 기업이 할 수 있는 것은 대개 종업원들의 임금을 최대한 줄이는 것입니다. 많은 기업이 노동자들을 쥐어짜서 상당한 이익을 만들어 냅니다만, 항상 그런 것은 아닙니다. 제가 미국에서 목회하던 도시에 작은 공구제조공장이 있었습니다. 이 공장은 사업이 잘되는 편이었고 경쟁도 별로 심하지 않았습니다. 특화되어 있고 안정적이었습니다. 여러 해가 지난 뒤 노동조합이 조직되어 노조에서 임금 인상을 요구했습니다. 회사에서는 사업이 유지되는 선에서 얼마나 더 지불할 수 있는지 계산했고 임금인상선을 제안했습니다. 그것은 생활 임금이었습니다. 사실 노동자들은 이전에 받던 월급으로도 가족을 부양할 수 있었습니다. 그런데 노조 설립자가 노동자들에게 그들은 착취당해 왔으며, 더 높은 임금을 요구해야 한다고 촉구했습니다. 회사가 사업이 망하지 않는 선에서 지불할 수 있는 임금의 최대한을 제안했지만, 노조 지도자는 회사가 더 지불할 수 있는지 그렇지 않은지를 세심하게 조사해 보려 하지 않고 그냥 더 줄 수 있겠거니 생각하고 더 높은 인상을 요구하며 파업에 들어갔습니다. 회사는 기자재와 재료를 동종 사업을 하는 다른 회사에 팔고 문을 닫았습니다. 건물은 사려는 업자가 없어 아직도 텅 빈 채 서 있습니다. 모든 노동자는 일자리를 잃었습니다. 이는 약자가 실제로는 그렇지 않은데도 자신들이 착취당하고 있다고 속아서 잘못 계산하여, 결국 무일푼으로 끝나게 된 경우입니다.

우리 사회는 탐욕을 바탕으로 하고 있습니다. 모든 사람이 이익을 남기려 하지만, 그 이익이 어떻게 만들어지는지는 거의 아무도 신경 쓰지 않습니다. 기독교 사회는 섬김을 바탕으로 해야 할 것입니다. 그와 함께 그 일의 값이 얼마나 나가며, 이익이 얼마며, 그 이익이 어떻게 분배될 것인가에 대한 솔직한 토론이 있어야겠지요. 신약이 추구하는 이상은 코이노니아입니다. 코이노니아는 형제자매가 서로의 짐을 집니다. 이러한 코이노니아 안에서 그들은 하나님의 법과 사랑의 법과 섬김의 법을 적용하고, 외부의 악한 제도를 피할 수 있습니다. 그러나 불행히도 오늘날 코이노니아를 행하는 교회는 거의 없습니다.

　퇴직을 위한 저축은 어떤가요? 만일 어떤 사람이 자기가 저축한 것으로 먹고산다면, 그는 노동과 먹는 일이라는 테두리 안에 있습니다. 여기서, 그가 일하는 동안 그의 저축이 어디에 투자되어야 하느냐는 문제가 떠오릅니다. 이상적으로는 그에게 남는 모든 것을 코이노니아에 주고, 그가 늙어 일할 수 없게 되면 코이노니아가 그를 돌보면 됩니다. 실제로는 이를 지향하는 몇몇 공동체들 말고는 이런 일이 이루어질 수 없기 때문에, 사람들은 은퇴 후 남의 도움을 받지 않기 위해 저축을 해야 합니다. 그러나 인플레이션 때문에 일해서 돈을 모으던 때보다 돈의 가치가 훨씬 낮아지게 될 것입니다. 제가 공사장에서 일할 당시의 임금은 시간당 50센트로 그럭저럭 가족을 부양할 수 있었습니다. 60년이 지난 지금은 임금이 25배나 뛰었지만, 그것으로는 가족을 부양할 수 없기 때문에 주부들은 아이들을 유치원에 맡기고 직장에 다닙니다. 바로 이것이 인플레이션이 하는 일입니다(성경적 제도 아래서는 인플레이션이 없습니다. 인플레이션은 화폐 영역에서 정직한 측량법이 없는 바알 제도의 결과입니다). 인플레이션은 퇴직한 사람의 예금계좌가 인플레이션 비율과 똑같은 만큼의 이자를 받아야 함을 뜻합니다. 그러나 그 이자가 인플레이션 비율보다 훨씬 높다면, 그는 아무 일도 하지 않고 거저 이익을 얻는 것이고, 이런 일은 누군가 다른 사람을 쥐어짰을 경우에만 가능합니다.

그러나 성장의 자연법칙이 있습니다. 과일나무를 심고 잘 돌봐 주면, 해마다 많은 과일을 수확하게 될 것입니다. 건강한 기업도 똑같은 법칙을 따를 수 있습니다. 만일 제가 그런 회사의 주식을 갖고 있다면, 그 배당금은 적법한 것이며 그 주식을 팔게 될 경우 투자한 것을 받게 됩니다. 성장하는 기업이라고 해서 반드시 착취하는 기업은 아닙니다. 하지만 그 사업이 자연스러운 성장 속도보다 훨씬 빠르다면, 그것은 남의 것을 훔치거나 남을 착취하는 사업일 가능성이 높습니다. 또한 이러한 기업은 도산할 위험이 있습니다. 우리는 지난 2년간 주위에서 이런 일이 일어나는 것을 보았습니다. 만일 제가 그런 회사의 주식을 산다면 저는 그들이 남을 착취하는 것을 돕는 것입니다.

많은 은행과 보험회사가 땅에 많은 투자를 합니다. 하나님께서는 "땅은 내 것이니 영원히 팔지 못하리라"고 말씀하셨지만,

우리의 바알 경제는 토지에 대한 영원한 권리증서를 주고 있습니다. 무엇이 잘못된 것일까요? 잠시 예를 하나 들어 보고자 합니다. 가장 단순한 형태의 땅 투기는 자신이 일할 수 있는 것보다 많은 농토를 가진 농부의 경우라 할 수 있습니다. 그는 남는 농토를 논이 없는 농부에게 빌려 주고 그 대가로 수확의 절반을 받기로 합니다. 이렇게 해서 아무 일도 하지 않은 사람이 아주 열심히 일한 사람과 똑같은 수입을 얻게 됩니다. 만일 땅 주인이 땅이 상당히 많아서 땅이 없는 농부 두세 명 이상에게 수확의 반을 나누는 조건으로 빌려 준다면, 그는 일을 전혀 하지 않고도 순식간에 큰 부자가 될 것입니다.

이런 관행은 거의 모든 나라에서 적법합니다. 하지만 이것은 착취와 갈취의 형태이며, 도덕적으로 말해 명백한 절도입니다. 이것은 남의 머리에 권총을 들이대고 "돈을 내놓을래, 목숨을 내놓을래?"라고 말하는 것과 도덕적으로 차이가 없습니다. 성경은 땅은 영원히 그의 것이 될 수 없고, 50년이 되는 해에는 반드시 원주인에게 되돌려 주어야 한다고 말합니다. 이런 경우, 땅 주인과 몫을 나누느라 농사를 지으며 가까스로 생계를 유지하던 사람들의 수입이 두 배가 되고 더 나은 삶을 살게 됩니다. 대안으로 땅 주인이 자기 땅을 이용하는 데 훨씬 적은 임대료를 받거나 어차피 자기에겐 필요하지 않은 땅이니까 공짜로 빌려 줄 수도 있습니다. 그러면 농부들은 해마다 노동의 대가로 정당한 수

입을 얻게 됩니다. 퇴직자가 땅을 빌려 주는 것 외에 달리 수입원이 없다면, 가능한 한 임대료를 낮춰 주어 임대인이 노동을 통해 더 많은 것을 얻을 수 있도록 해주어야 합니다.

똑같은 원칙이 기업이나 공장, 아파트를 짓기 위해 빌린 땅에도 적용됩니다. 이 모두가 땅 없이는 존재할 수 없기 때문에, 땅 주인은 기업이나 공장, 아파트로부터 최고가를 끌어낼 수 있습니다. 이렇게 되면 기업이나 공장, 아파트는 이제 근로자나 소비자 또는 임차인들을 짜내야 합니다. 이러한 체제에 많은 사람들이 상처를 입게 될 뿐 아니라 종종 땅 주인들도 앞서 공구제조 공장의 예에서 노동자들이 그런 것처럼, 잘못된 계산을 하게 됩니다. 그러다 결국에는 문을 닫는 걸로 끝납니다. 최근 이 나라에서 일어나는 일입니다. 보통 땅 주인들은 충분한 이익을 얻다가 경제가 무너지면, 그저 관망하면서 경기가 '회복'되기만 기다리다가 경기가 회복되면 다시 사람들을 착취하기 시작합니다. 이러한 주기가 반복됩니다. 성경은 50년마다 땅을 원주인에게 돌려줌으로써 이런 악순환을 막아야 한다고 말합니다. 이렇게 할 때에만 각 사업은 더 높은 임금을 지불하거나 낮은 임대료를 지불하여 적당한 이익을 보게 될 것입니다.

어떠한 형태든 도박이나 투기는 일하지 않고 먹으려는 시도입니다. 이러한 한탕주의가 우리나라에 널리 퍼져 있습니다. 내기 바둑이나 카지노뿐만 아니라 주식시장, 땅 투기 그리고 다른 여러 형태의 일들이 힘 안 들이고 이익을 얻으려는 발상에서 행해지고 있습니다.

이제, 정직한 사람들인데 장애인인 경우는 어떻습니까? 물론 장애인은 대개의 경우 가족에 의지하게 됩니다. 만일 가족이 없거나 그 가족이 가난하다면, 교회가 응당 그들을 구제해야 합니다. 동시에 그들이 장애라는 한계 안에서 할 수 있는 일을 찾아보아야 합니다. 장애인을 위한 이러한 프로젝트는 많이 있습니다. 이런 사업은 유익할 뿐 아니라 장애인에게 창의적인 일을 할 수 있게 함으로써 그들의 자존감을 지켜 줍니다. 어쩌면 벌어들이는 수입이 사업을 유지하는 비용도 되지 못할 수 있습니다. 만일 그렇다면, 교회 곧 코이노니아가 나머지를 충당해 줌으로써 이들도 다른 사람들처럼 품위 있는 삶을 살 수 있도록 해야 할 것입니다.

바알 제도의 많은 악을 피하는 방법이 한 가지 있습니다. 바로 협동조합을 통해서입니다. 한 무리의 사람들이 단결하여 기업을 만들고, 공정한 방법으로 운영하고, 각자 무슨 일을 하든지 업무에 관계없이 이익을 함께 나누는 것입니다. 미국에는 이런 식으로 운영되는 몇몇 토지조합이 있습니다. 그들은 함께 땅을 사서 건설적으로 이용하여 사람들이 비싼 임대료를 내지 않고 농장이나 사업을 할 수 있도록 빌려 줍니다. 이익이 얼마가 되건 조합원들에게 재분배됩니다. 또한 신용조합이나 신용협동조합 같은 것이 있습니다. 이들의 기능은 은행과 같지만, 조합원 소유이기 때문에 조합원들에게 이익이 재분배됩니다. 아무도 다른 사람을 착취하지 않습니다.

불행하게도 한국의 은행 관련법이 이러한 일들을 아주 어렵거나 불가능하게 만드는 것으로 보입니다. 저는 가난한 사람들에게 돈을 빌려 주어 집을 살 수 있도록 해주는 미국의 훌륭한 기독교 은행을 알고 있습니다. 이자율은 거의 수수료 정도로 아주 낮습니다. 돈을 빌린 사람들은 몇 년 안에 빌린 돈을 모두 갚을 수 있고 자기 집도 갖게 됩니다. 우리 같은 사람들이 이 은행에 돈을 맡기면 다른 상업적 은행보다 훨씬 적은 이자를 받습니다. 하지만 인플레이션 비율은 충분히 따라잡을 수 있으며, 우리가 원하는 건 그게 전부입니다. 저는 이러한 시스템을 한국에 적용하여 기독교 은행을 만들려 했으나 정부의 은행 관련 법규 때문에 할 수 없었던 사람을 알고 있습니다. 우리는 이 같은 법규가 바뀌어 한국의 기독교인들이 기독교 은행이나 신용조합 또는 토지조합을 만들 수 있도록 기도해야 합니다. 이러한 기관은 퇴직자나 대출이 필요한 사람이나 타인을 착취하는 곳에는 투자하고 싶지 않은 사람들에게, 사업을 하는 대안적 방법을 찾게 해줄 것입니다.

퇴직자나 장애인이나 어떤 이유로든 이 체제에서 일하지 못하는 사람들의 경우로 되돌아가 볼 때, 창조주의 뜻은 자기 형상을 따라 창조된 사람들이므로 누구나 창조적인 무언가 할 일이 있어야 한다는 것입니다. 만일 사회체제가 사람들에게 창조적으로 일할 기회를 제공하지 못한다면, 교회나 성도 한 사람, 또는 성도 여러 사람이 이 문제를 해결하기 위해 힘을 합쳐서 그런 기회를 제공해야 합니다. 만일 남는 돈이 생긴다면 지금 당장 사람들에게 투자할지, 또는 나중에 일할 수 없게 되었을 때 자신을 지원해 줄 어떤 종류의 사업에 투자할지에 대해 주님의 마음을 구해야 합니다. 하나님 감사합니다. 성령님을 통해 우리에게 지혜를 주시고, 성경을 통해 기본 원칙들을 주시고, 교회의 교제를 통해 우리 생각과 문제들을 나눌 수 있게 해주셔서 감사합니다. 우리는 이런 문제들에 대한 적절한 해결책을 찾고, 믿지 않는 세상에 하나님의 사랑을 드러내서, 더 많은 사람들을 주님께로 인도할 수 있습니다.

그리스도의 사랑 안에서 대천덕

빚지는 것

신앙계-산골짜기에서 온 편지, 1998. 09.

대천덕 신부님께

요즘 예수원은 어떤지요? IMF 체제가 예수원에 심각한 영향을 미치지는 않았는지, 경제 위기의 긴급한 상황을 맞아 예수원의 정책이 바뀌지는 않았는지 궁금합니다.

위대한 중국 선교사인 허드슨 테일러 선교사는 빚을 지는 것이 옳지 않다고 믿었기 때문에 기독교 선교단체와 결별했다는 말을 들은 적이 있습니다. 그는 로마서 13장 8절을 문자 그대로 해석했고, 이 때문에 믿음재정 선교를 시작했습니다.

신부님께서는 오늘날에도 이 방법이 적용되어야 한다고 생각하시는지요? 그리스도인들은 결코 빚을 져서는 안 되는 것인지요? 만약 그렇다면, 신용카드는 큰 문젯거리가 될 것입니다. 신

용카드에 대해 신부님은 어떻게 생각하시는지요? 은행에서 자금
을 대출받아야 하는 큰 사업체들은 어떻습니까? IMF 중에 직장
을 잃은 사람들에 대해 우리 그리스도인의 태도는 어떠해야 하는
것일까요? 직업이 없는 그리스도인과 직장에서 일하는 그리스도
인은 어떤 관계가 있습니까? 오늘날 우리가 맞닥뜨린 이런 긴급
한 문제들에 대한 신부님의 의견을 알고 싶습니다.

주님 안의 형제 손재홍 올림

주님 안의 형제님께

보내 주신 자료와 자극이 되는 질문에 감사드립니다. 일반적
으로 교회 안에는 아주 다양한 견해들이 있는데, 이 경우 어느
한 견해만이 옳다고 내세우기가 주저되는군요. 빚지는 일에 관련
해서는 신약성경의 단 한 곳, 로마서 13장 8절에만 분명한 명령
이 나와 있을 뿐입니다.

구약의 가르침은 분명합니다. 그리고 예수님께서는 율법과
선지자를 완성시키기 위해 오셨다고 말씀하신 바 있습니다. 실제
로 구약에서는 오늘날 우리가 직면한 문제들을 다루지는 않습니
다. 구약에서는 도움이 필요한 형제들에게 개인적으로 돈을 빌려

주는 것을 다룰 뿐입니다. 가난한 사람의 망토를 담보로 잡았다면 몇 시간을 넘어선 안 됩니다! 그가 덮고 잘 수 있도록 잠자기 전에는 반드시 돌려줘야 합니다. 형제에게는 빌려 준 돈의 이자는 받지 않아야 합니다. 그리고 7년이 되도록 이 빚을 갚지 못하면 그때는 빚을 탕감해 주어야 합니다. 예수님은 산상수훈에서(마 6:12) 그리스도인들이 빚을 탕감해 주어야 함을 분명히 하시면서, 만약 우리 자신에게 빚진 자들을 탕감해 주지 않는다면 하나님께 진 영적인 빚도 탕감 받을 생각을 하지 말아야 한다고 말씀하셨습니다. 따라서 이 구절은 이렇게 번역될 수 있습니다. "우리가 우리에게 빚진 자들의 빚을 탕감해 준 것처럼, 우리가 하나님께 진 빚도 탕감해 주옵소서."

왜 하나님께서는 율법에서 폭넓은 주제들을 다루고 계시면서, 오늘날 우리가 직면한 이러한 주제들은 다루지 않은 걸까요? 우리가 알아야 될 사실은 오늘날의 제도는 바알 제도이고, 이것은 하나님께서 자기 백성들에게 멀리하기를 원하신 것이라는 사실입니다. 따라서 하나님께서는 자기 백성과 아무 상관없는 바알 제도를 어떻게 다뤄야 하는지 말씀하실 필요가 없었습니다. 물론 신약시대에 이르러서는 바알 제도에 전부 점령되고 말았는데, 신약성경은 성령께서 어떻게 교회를 인도하여 이 바알 제도 속에서 제 기능을 하도록 하셨는지 보여 줍니다. 본질적으로 그리스도인들이 한 것은 바알 제도를 피해서, '코이노니아'라 불리는 그들만의 제도를 세운 것입니다. 그들은 사탄의 불의와 부패라는 바다에 떠 있는 '하나님의 정의'라는 섬이었습니다.

슬프게도 오늘날의 그리스도 교회는 일반적으로 성경의 가르침을 무시해 왔고, 페니키아의 바알적 관행에 근거한 경제체제가 발전하도록 허용해 왔습니다. 이스라엘의 선지자들은 목숨을 걸고 이를 격렬하게 비난했습니다. 두로와 시돈에서 시작된 오늘날의 제도를 엘리야가 인정하리라고는 상상조차 할 수 없을 것입니다. 열왕기상에서는 아합이 그 전의 모든 사람보다 여호와 보시기에 더욱 악을 행하여, 시돈 왕의 딸 이세벨을 아내로 삼고 바알을 섬겨 숭배하는 죄를 더하였다고 기록합니다. 북아프리카의 카르타고는 이세벨이 죽은 지 30년 뒤인 기원전 814년 이세벨의 친족에 의해 건설되었습니다. 이 도시는 페니키아 왕국의 수도가 되었고 마침내 로마와 세 번의 전쟁을 치르게 됩니다. 한니발이 이탈리아를 침공했을 때 소수민족들은 로마에게서 해방되기를 희망하며 한니발의 편에 섰습니다.

카르타고는 로마인에 의해 최종적으로 소탕되었는데, 로마인들은 모든 대토지를 장악해서 참전 군인들에게 분배해 주었습니다. 북아프리카인들의 노동으로 얻은 엄청난 불로소득을 챙긴 참전 군인들은 로마로 돌아가서, 로마를 '벽돌의 도시'에서 '대리석의 도시'로 바꾸어 놓았습니다. 그들은 바알 경제제도를 따라 엄청난 토지 사유와 노예 노동에 기초한 대농장을 이탈리아에 세웠습니다. 한 로마인은 "대농장이 로마 파멸의 원인이다"라고 말했습니다. 그들은 로마를 공화국에서 왕국으로 바꾸었습니다.

　로마가 기독교 국가가 되었을 때 그들이 변화되어 성경적인 제도를 세웠을까요? 아닙니다. 그들은 계속하여 가난한 이탈리아인들을 압제하고 베르베르인들, 모리타니아인들, 누미디아인들 및 북아프리카인들을 착취했습니다. 위대한 신학자이며 그리스도 윤리의 권위자인 성 어거스틴이 북아프리카 히포의 주교로 있을 때, 그는 북아프리카인들과 논쟁하여 그들의 신학이 잘못되었음을 증명했습니다. 어거스틴은 제도를 변화시키자고 제안하지 않았습니다. 브리태니커 백과사전에 의하면 "현재 세계에 대한 종말론자의 초점과는 달리, 어거스틴은 자기가 속한 문화적 환경에 영향 받은 탓이겠지만, 시대를 거의 망각한 듯한 천년왕국설로 응수했다. 이 세상에서 악과의 투쟁에 관한 한, 어거스틴은 항복하고 싸움터를 포기했다"고 전합니다. 그는 북아프리카인들에게 "본향인 가톨릭 교회로 돌아오라"고 말했습니다. 북아프리카인들은 가톨릭 지주에 대한 반감으로 들끓어 올랐기에 이 제안을 거절하고, '도나투스파' 교회를 창설하였습니다. 어느 쪽에서도 화해하려는 노력을 기울이지 않은 채 3세기가 지나갔습니다. 그때 모하메드와 그의 지지자들이 성경에서 직접 따온 '토지는 알라께 속했다'(레 25:23)는 슬로건을 들고 나타나자, 도나투스파 교인들은 이슬람에 투항해 가톨릭을 바다로 몰아내고 땅을 점령했습니다.

　이 같은 일은 나라를 바꾸어 가며 계속되었습니다. 우리 그리스도인들의 탐욕과 권력욕 그리고 성경의 토지법에 관한 가르침에 대한 무시는 결국 이슬람이 성공할 수 있는 기회를 제공했습니다. 인생 후반기를 성경적 경제제도를 시행하자고 탄원하는 일에 바쳤던 톨스토이의 말을 러시아 황제가 귀담아들었더라면, 러시아는 오늘날 건강한 기독교 나라가 되었을 것입니다. 그러나 교회는 톨스토이가 미쳤다고 했고, 러시아는 공산국가가 되었습니다. 만약 중국이 쑨원의 말을 들었더라면 오늘날 자유로운 나라가 되었을 것입니다. 중국은 쑨원의 말을 듣지 않았고, 공산국가가 되었습니다. 공산주의가 발생한 뿌리와 이슬람이 발생한 뿌리는 같습니다.

　이 거대한 이단들이 발생하게 된 뿌리에는 교회의 잘못을 회개하지 않은 문제가 놓여 있는데, 우리가 진실로 회개한다면 우리는 "가서 다시는 죄 짓지 말아야" 합니다. 계속 죄를 지으려는 의도로 임종 때까지 세례 받는 걸 미뤘던 콘스탄틴 황제처럼, 그가 다스린 교회도 성경의 토지법이나 성경의 다른 경제적 원리들을 진지하게 받아들일 의도가 전혀 없었습니다. 필요한 건 사과가 아니라 행위입니다. 학계와 대중매체 등 거의 모든 여론 형성 기관과 구성원을 바알 체제가 다스리고 있기 때문에, 오직 기도와 기적만이 진정한 회개를 불러일으킬 수 있습니다. 그러는 동안 우리는 한 사람의 그리스도인으로서 하나님의 뜻을 실천하기 위하여 무엇을 하고 무엇을 하지 말아야 할까요?

하나님의 경제학에 관한 가르침은 레위기 25장과 관련 구절에 주어져 있습니다. 미국의 경제학자 헨리 조지(Henry George)는 이 성경 말씀 가운데 일부를 근대 미국 경제와 제도가 비슷한 몇몇 나라에 적용하였고, 그를 통해 칼 마르크스와 아담 스미스 양자의 오류를 드러냈습니다. 대출과 이자에 대해서는 헨리 조지가 어떻게 가르쳤는지 모르겠습니다.

빚에 대한 형제의 질문으로 돌아가서, 이곳 예수원에서 우리는 하나님께서 로마서 13장 8절을 심각하게 받아들이기 원하신다고 믿어 왔고, 지난 33년 동안 그것이 우리의 정책이었습니다. 한번은 우리 정책을 바꿨다가 크게 어려움을 겪었던 일이 있는데, 이에 관해서는 제 아내가 《광야의 식탁》에서 기록한 것을 인용하겠습니다.

> "아처(대천덕 신부)와 나는 예수원에 있는 사람들에게 생필품을 제공해야 한다고 생각했다. 그래서 그들이 마을의 가게에서 예수원 이름 앞으로 외상을 달아 놓고 비누나 치약 같은 것을 살 수 있게 했다. 우리는 매달 말일에 그 달의 외상을 갚을 수 있으리라고 생각했다. 또 마을 사람들은 우리와 함께 일을 하며 집 짓는 일을 돕고 싶다고 하면서(이들에

게는 일자리가 필요했다), 임금은 아무 때나 주어도 된다고 했다. 그런데 그들이 일하려면 건축 자재가 있어야 했기에 우리는 돈을 빌려서 자재를 샀다. 이번 경우에도 매달 말일에는 빚을 갚을 수 있을 것 같았다. 그러나 1968년 12월 그 토요일 밤, 빚을 다 갚지 못한 채 몇 달이 지났다는 사실이 명백하게 드러났다.

처음부터 하나님이 "돈이 있는 만큼만 일하고 빚지지 말라"고 말씀하신 것을 알고서도 어떻게 이런 일이 일어나도록 내버려 둘 수 있었을까?

혼란스럽고 불편한 마음으로 우리는 일이 어떻게 진행되어 왔으며, 언제부터 빚이 쌓이기 시작했는지 알아보기 위해 아처의 일지를 뒤졌다…… 검토 결과는 충격적이었다. 우리는 우리가 빚을 지게 되는 방향으로 잘못 움직였을 때마다, 또 돈을 빌리도록 설득당했을 때마다, 축사에서 이상한 사고가 생겼다는 사실을 알게 되었다.

유오디아라는 소가 새끼를 낳다가 죽었다. 나무에 매어 두었던 수송아지 아비알반이 발을 헛디뎌서 밧줄에 매달린 채 질식해 죽었다. 처음 얻은 젖소 중 하나인 클로에도 지류에 빠져 다치는 바람에 죽어야 했다. 순종 황소인 페르디난드는 축사에 안전하게 서 있는 줄 알았는데 다리가 부러지는 바람에 도살해야 했다. 이러한 일련의 예상치 못한 사고들을 통해 하나님은 이미 우리에게 경고하고 계셨는데도 우리는 '단순한, 그러나 손해가 큰 우연의 일치'라고만 생각했을 뿐, 주의를 기울이지 않았다. 그러나 이제는 우리의 실수를 명백하게 보게 되었다.

우리는 다음 날부터 외상으로 물건을 사지 않기로 했다. 그럴 경우 우리는 건축을 할 수 없고, 여러 번 체면을 잃어야 하며, 더 간소하게 먹어야 하고, 특별 지출을 할 수 없고, 우리의 개인적 소유를 더 많이 나누어야 하며, 우리의 필요를 부인해야 하고, 심지어는 금식까지 해야 했다. 우리는 돈을 쓸 때마다 한 푼 한 푼 확인했다. 날마다 딱 그날 필요한 만큼의 돈이 있었다. "오늘날 우리에게 일용할 양식을 주옵시고" 기적이 계속되었다.

이렇게 몇 달이 지났다. 우리는 더 이상 빚을 지지 않았고 하나님께 기쁘게 순종했다. 우리 가족의 안식년이 다가오고 있었지만, 빚을 다 갚지 않고서는 이 나라를 떠날 수 없다는 것을 알았다. 하나님께서는 우리가 순종할 때마다 날마다 신실하게 우리의 필요를 채워 주셨다. 그러나 지난 몇 달 간 진 빚은 다달이 이자가 붙어 더 늘기만 했다. 채권자들은 우리가 달아날까 봐 걱정하기 시작했다. 하나님께서 우리에게 확실히 교훈을 주시려고 이렇게 하시는 것일까?

그해 5월, 갑자기 몸이 몹시 아팠다. 나는 미국으로 가야 했다. 그런데 이상하게도 내 비행기 삯만큼의 돈이 생겼다. 그 동안 아처는 한국에서 예수원이 제때 모든 빚을 다 해결할 수 있도록 하나님이 도와주실 것을 믿으며 한 걸음씩 나아가고 있었다. 그의 예상대로라면 여름이 끝날 무렵에는 빚을 다 갚을 수 있을 것 같았다. 그렇게만 된다면 마을학교에서 1학년을 시작한 엔시가 9월에 미국에서 1학년을 시작할 수 있었다. 아처는 CFO(Camps Farthest Out. 일주일 동안 진행되는 영적 회복 프로그램으로, 예배와 소그룹 미팅, 대화와 여러 가지 워크숍으로 구성된다.)에 대한 내 편지를 읽으면서 기도했다. "주님, 저는 당신께 부탁드릴 자격이 없습니다. 그러므로 이번 한 번만 이 기도를 드리겠습니다. 우리 가족이 8월 말에 CFO에 참석할 수 있도록 허락해 주시면 정말 감사하겠습니다." 하나님이 기도를 들으셨다는 표시는 나타나지 않았다. 그러나 어느 날, 그는 한 가지 사실을 깨달았다. 미국에 가려면 아이들을 데리고 떠나기 열흘 전에 서울에 가서 면역 주사를 맞아야 하며, 그렇게 하지 않을 경우 하나님께서 문을 열어 주신다 해도 그 문으로 들어갈 준비가 되어 있지 못할 것이다.

돈도 없고 하나님의 표시도 없는 상태에서 아처는 서울로 출발했다. 엔시와 버니를 옆에 앉히고 자신도 자리에 앉은 아처는 우편물을 뜯어 보기 시작했다. 거의 모든 편지에 수표가 들어 있었다. 어떤 것은 옛 친구들로부터 왔고, 어떤 것은 전혀 모르는 이들에게서 왔다. 이름도 들어 보지 못한 영국의 한 교회는 40달러를 보내 왔다. 이 수표들을 다 합해보니, 빚을 다 갚고도 한 달간 예수원을 운영할 수 있을 만한 액수가 되었다!

형제님은 허드슨 테일러가 빚지는 것이 잘못된 것이라고 믿었기 때문에 '믿음재정 원칙'을 받아들였다고 언급했습니다. 우리는 예수원에서 이 원칙을 따르려고 노력해 왔습니다. 이것은 어떤 형태의 모금 운동도 벌이지 않고, 그 누구에게도 돈이 필요하다고 말하지 않는다는 뜻입니다. 이것이 허드슨 테일러의 정책이었습니다. 만약 어떤 사람이 예수원의 재정 상태에 대해 구체적으로 물어 온다면 그 질문에는 대답할 수 있지만, 거기서 더 나아가지는 않습니다. 어떤 경우라도 우리는 재정 문제에 대해 먼저 말하지 않습니다. 우리는 약정 후원금을 받은 적이 없습니다. 정기적으로 헌금을 보내는 친구들이 있습니다만, 대부분은 우리의 도움이 어디서 올지 알지 못합니다. 우리는 자급하기 위해 할수 있는 한 노력을 다하고 있으며, 현재 우리 운영 금액의 60퍼센트를 벌어들입니다. 나머지는 '하늘로부터 내려오는 만나'로 충족됩니다. 이토록 하나님께 의지하고 사는 것은 기쁨이며 특권이고, 하나님이 약속하신 대로 공급해 주시는 것을 보는 것은 매우 흥미진진한 일입니다.

정규 직업과 정규 수입이 있는 그리스도인들의 경우는 어떨까요? 들어오는 수입에 따라 예산을 세우고 그 수입이 계속되리라고 가정하는 것이 적절하다고 확신합니다만, 회사가 월급 전부를 지급하지 못하거나 직장을 잃게 되는 것 같은 긴급 상황에도 늘 대비해야 합니다. 그리스도인은 주님을 바라보아야지 고용주를 바라보아서는 안 됩니다.

신용카드는 어떻습니까? 저는 편리함 때문에 신용카드를 사용합니다. 그런데 신용카드와 관련하여 두 가지 원칙을 고수합니다. 첫째, 제가 은행에 가지고 있는 돈 이상으로 신용카드를 쓰지 않습니다. 갚을 수 있으리라는 막연한 희망으로 카드를 사용하지는 않습니다. 은행이 파산하지 않는 한 저는 신용카드 금액을 결재할 수 있습니다. 두 번째 원칙은 이자가 쌓이는 것을 허용하지 않는다는 것입니다. 저는 신용카드 청구서가 오면 그날, 또는 아무리 늦어도 그 다음 날에는 대금을 결제합니다.

컴퓨터 프로그래머인 제 아들은 최근에, 컴퓨터가 마비되었을 때 신용카드 소지자들이 당할 어려움에 대해 편지를 써 보냈습니다. 만약 실수로 2000년이 아니라 1900년부터 이자가 쌓인 것으로 계산된다면, 컴퓨터는 그 금액을 처리하지 못할 것이고, 다른 프로그램도 망가지게 될 것입니다. 사람들은 어쩌면 청구서도 받지 못한 채 신용카드가 정지된 사실을 알게 될 수도 있습니다. 제 아들은 이미 우리에게 1999년 말부터 경제가 안정되는 2000년의 어느 시점까지는 카드를 쓰지 말고 현금으로 쓸 것을 충고한 바 있습니다.

형제님은 은행에서 대출을 받아야 하는 기업들에 대한 질문도 하셨습니다. 현재의 위기는 단순한 대출로부터 비롯된 것이 아닙니다. 은행은 대출자가 대출금을 갚을 수 있을지 그리고 대출금을 갚을 만한 충분한 담보가 있는지 확인합니다. 많은 경우 담보가 땅이었습니다. 여기에 이중적인 문제가 있습니다. 첫째로는 땅 값이 너무 높게 책정되어 실제 땅값은 은행이 담보한 가격에 미치지 못한다는 것입니다. 둘째로는 대출금이 실제 담보 금액보다 훨씬 많았다는 것입니다. 대출금을 갚을 시점이 되어 몇 배로 뛰어오른 가격에 땅을 판다 해도 대출금을 갚기에 모자라는 상황이 된 것입니다.

만일 회사에서 자산을 운용하기 위해 건물과 땅을 저당 잡히려고 한다면, 이 건물과 땅 값보다 적은 금액을 빌려야 합니다. 그래야 긴급 상황에서 빚을 갚을 수 있습니다. 이것이 사업을 운영하는 적합한 방법이라 믿습니다. 그런데 장차 만들어 낼 생산품이 팔려서 들어올 수입을 저당 잡히는 것은 꿈을 사고파는 것입니다. 이것은 바알 제도의 기준으로 봐도 어리석은 일입니다. 설사 한국이 성경적인 제도로 운영해 왔다 할지라도 이런 어리석은 일에서 구제될 방법은 없습니다.

이제 저는 실직에 대한 그리스도인의 태도에 대해 말씀드리고자 합니다. 신약성경에 교회는 때때로 '코이노니아'로 묘사됩니다. 보통 '교제'(또는 사귐)라고 번역되나, 어떤 말로 번역되든 코이노니아는 번역된 낱말보다 훨씬 더 강력한 뜻입니다. 영어든 한국어든 코이노니아에 해당하는 낱말은 없습니다. 코이노니아는 한 가족의 형제자매 사이처럼 영구적이고 서로 책임지는 관계를 뜻합니다. 우리는 같은 성도가 실업 상태에 있는 동안 친형제자매에게 하듯이 그들에게 음식과 잘 곳과 옷 그리고 건강을 돌보는 일과 필요한 것을 공급해야 합니다. 교회는 한 가족입니다. 따라서 가족을 대하는 것처럼 서로에게 대해야 합니다.

불신자들이 가난으로 고생하고 있을 때, 우리는 도울 수 있는 한 돌보아야 합니다. 우리는 경제 정의 실천을 위해 노력해야 하며, 그래야 가난이 제거될 것입니다. 오늘날의 교회는 그저 가난한 사람들을 먹이는 일에만 신경 쓸 뿐, 가난의 원인을 제거하려 하지 않습니다. 이것은 하나님의 정의에 정면으로 위배되는 일입니다. 미가는 말하기를 하나님께서 원하시는 것이 정의를 행하고, 자비를 사랑하며, 하나님과 함께 겸손히 동행하는 것이라고 했습니다. 예수님은 우리가 정의를 행하지 않고 자비를 사랑하지 않는다면, 하나님과 겸손히 동행한다 해도 모두 헛것이라고 가르쳤습니다. 그러나 대부분 교회들은 자비만 조금 베풀 뿐, 정의에 대해서는 아무 일도 하지 않습니다. 정의는 하나님의 토지법을 우리가 할 수 있는 어느 수준에서든 실행할 때 시작됩니다. 그리고 궁극적으로는 국가적 차원에서 실시되어야 합니다.

신약성경은 초대교회에는 가난의 문제가 없었다고 말합니다. 그들이 가진 것을 '나누었기'(코이노니아) 때문입니다. 그들은 부자가 아니었습니다. 예수님의 제자들은 대부분 노동자 계층이었고, 이보다 약간 부유한 사람이 조금 있었습니다. 그러나 그들은 가진 것이 무엇이든 다같이 나누었고, 하나님이 보시기에 모든 것에 부족함이 없었습니다. 우리가 모든 것을 기꺼이 나누지 않는다면 (가진 것을 나누는 것이 '천국'이 뜻하는 바입니다) 그리고 정의를 위해 일하지 않는다면 마태복음 6장 31절에 약속된 하나님의 기적적인 공급은 기대할 수 없습니다.

주 안의 형제 대천덕

5부

개척인가
현대화인가

개척 對 현대화

신앙계-산골짜기에서 온 편지, 1997. 12.

대천덕 신부님께

　그동안 예수원의 날씨는 어떠했는지요? 예수원에도 비가 많이 왔나요? 날씨 때문에 마을의 배추 농사에 어려움은 없었는지요? 제가 보기엔 강원도의 다른 마을들이 그렇듯이 하사미(예수원이 있는 마을)의 농촌 생활도 많이 바뀐 것 같습니다. 예수원에서도 예전처럼 감자를 많이 재배하지 않는 듯합니다. 신부님께서는 그런 변화를 '진보'(progress), '현대화'(modernizing) 또는 '개척'(pioneering) 가운데 무엇이라 부르시겠습니까? 이 세 가지에는 분명 서로 다른 점이 있는 듯한데, 정확히 어떻게 다른 건지 잘 모르겠습니다. 우리는 종종 이 세 가지를 혼동해서 참된 가치를 잃어버리는 것이 아닌지 염려되기도 합니다. 신부님도 이런 문제에 대해 생각해 본 적이 있으신지요? 만약 생각해 보셨다면, 그 차이점이 무엇인지 그리고 세 가지 가운데 어떤 변화가 가장 유익한 것인지 설명해 주시면 좋겠습니다. 우리는 물론 '변화만을 위한 변화'는 원하지 않습니다. 그런데 많은 사람들은 변화란 일단 좋은 거라고 생각하는 듯합니다. 물론 그렇지 않은 사람들도 있지요. 특히 나이 드신 분들은 뭐든 변화보다는 오래된 게 좋다고 생각하시는 듯합니다.

신부님께서는 변화를 어떻게 평가하시는지요?

그리스도 안에서 남장식 올림

장식 형제님께

형제님의 사려 깊은 편지에 감사드립니다. 형제님이 말씀하신 세 가지의 유사점과 차이점에 대해 사람들이 흔히 혼동하는 건 맞습니다. 제가 사는 이곳 농촌에서도 그런 문제를 보여 주는 일이 일어나고 있습니다. 전에는 농촌에서 아주 다양한 작물을 재배했지요. 대단히 중요한 작물도 따로 없었고, 다양한 농작물이 다같이 우리 배를 채워 주고 또 작은 부수입이 되어 주곤 했습니다. 키운 작물 대부분을 우리가 먹었고, 파는 양은 아주 적었지요. 그리고 베를 직접 짜 입듯이, 감자와 여러 가지 채소, 몇 가지 곡물, 그리고 쌀 농사를 꽤 넉넉하게 지었습니다.

그런데 시간이 지나면서 저 멀리 서울에 배추를 내다 팔 수 있는 시장이 있다는 걸 알게 되었습니다. 도로가 좋아지고 운송 산업이 발전하면서 배추 시장도 점차적으로 커졌지요. 우리 농부들은 점점 더 많은 돈을 벌게 되었습니다. 그러나 동시에 몇 가지 문제점이 나타났지요. 우리는 점점 더 많은 땅을 배추 농사에만 내주고, 다른 작물들은 외면했습니다. 그러자 이전에는 직접 길러 먹던 작물들을 사 먹어야 됐고, 배추로 번 돈을 다시 여기에 쓰게 되었지요.

그러는 동안 정부가 나서서 농사의 다각화를 꾀하기 시작했고, 우리로 하여금 비닐하우스를 지어 꽃과 다른 작물을 기르는 한편, 배추를 유리한 시점에 일찍 길러 맏물을 고가에 팔도록 독려했습니다. 논은 배추를 기르는 데 적합하지 않아 보였지만 다른 농작물을 기르던 밭은 다 괜찮은 듯했습니다(충분한 비료와 밭 위에 설치된 관개시설 등에 힘입어). 우리는 작물을 돌아가며 심는 게 더 좋다는 걸 경험으로 알았지만 한번도 벌어 보지 못한 현금 수익의 유혹을 이기지 못했습니다.

그래서 어떤 일이 일어났지요? 우리는 화학비료와 물을 너무 많이 쓰게 되었고, 예전에는 아주 드물던 토양병이 이제는 아주 흔한 일이 되어 버렸습니다. 이 병과 싸우기 위해서는 땅을 몇 년 동안 묵혀야만 할지도 모릅니다. 우리의 탐욕과 경솔함 때문에 많은 경작지가 파괴되고, 최근 얼마간 벌어들였던 큰 수익이 다시 줄어들었습니다. 이제 우리는 전보다 수익이 적은 작물을 번갈아 가며 심어야 할 뿐만 아니라, 한동안은 어떤 작물도 심지 않고 땅을 묵혀 두어야 할지 모릅니다. 이것은 우리의 탐욕이 얼마나 크나큰 대가를 치르는지 보여 주는 사례입니다. 우리는 우리가 진보하고 현대화하고 있다고 믿었지만, 실은 재정적으로 퇴보하는 걸로 끝났습니다.

'현대화'란 가장 최근의 연구에 뒤떨어지지 않는 걸 뜻합니다. 이번 일에서, 우리는 과거에 이루어진 연구는 무시하고, 그저 상대적으로 새로운 기술을 쓰는 데 급급했습니다. 우리는 전체 그림을 보지 않았지요. 만약 우리가 전체 그림을 보았다면, 유기농 비료를 쓰고 작물을 번갈아 가며 심는 게 훨씬 이롭다는 걸 알았을 것이고, 지금 이러한 상황을 피했을 것입니다. 여러 문제점 가운데 하나가 관개시설과 관련이 있습니다. 우리는 우리나라에서 가장 강수량이 많은 지역에 살고 있으면서 밭에 머리 위에서 물을 뿌려 주는 관개시설을 더했습니다. 이는 시작부터 돈이 많이 드는 투자였고, 예상보다 많은 비용이 들었습니다. 물에 젖은 땅은 토양병에 아주 이상적인 환경이었습니다. 우리가 평균 강수량에 만족하고 관개시설을 덜 사용했다면, 이 병은 그렇게 극심하게 나타나지 않았을 것입니다. 머리 위에 설치된 수도관과

스프링쿨러라는 '현대화된' 시스템은 아주 멋져 보였지만, 실은 전염병이 널리 퍼지는 조건을 만들어 낸 것입니다. '현대화'가 반드시 '최선'은 아닙니다.

형제님의 질문은 아주 유익합니다. '진보', '현대화', 그리고 '개척'의 차이점은 무엇인가요? 우리는 여기서 우리의 현대화가 진보를 가져오지 않았다는 걸 알 수 있습니다. 어떤 새로운 기술을 적용하면서 그 기술이 우리를 앞으로 가게 할 건지 뒤로 가게 할 건지 묻지 않고 사용했기 때문입니다. 우리가 한때 알았던 원칙들을 잊은 거지요. 그건 자동차를 운전할 때와 비슷합니다. 자동차는 말이나 마차보다 훨씬 빠르게 갈 수 있지만, 만약 잘못된 길을 달린다면 원래 가려던 목적지에서 훨씬 더 멀어지게 만듭니다. 속도보다 방향이 중요합니다.

이제 이 세 가지의 개념을 조사해 보고, 그 차이점이 무엇인지 살펴봅시다. '현대화'에 대해서는 이미 말했습니다. 현대화란 새롭게 개발된 기술을 사용하는 것입니다. 그런데 그 기술이 적합한지 물어보지도 않은 채 사용되곤 합니다. 맨 먼저 우리가 물어보아야 할 것은 '이 새로운 기술의 근본 목적은 무엇인가?'입니다. 그 목적이 나의 목표에 잘 들어맞는가? 그런데 이 질문에 답하기에 앞서 나는 내 목표를 잘 살펴보고 그게 과연 올바른 목표인지를 생각해 보아야 합니다. 만약 내 목표가 올해 가능한 한 많은 돈을 벌겠다는 것이라면, 반대의 결과가 나온다 해도 놀라선 안 됩니다. 올해 나에게 엄청난 돈을 벌게 해준 바로 그 기술이 내년에는 정반대로 돈벌이를 못하게 막을 수도 있기 때문입니다.

농사짓는 일에서 땅이란 우리가 마음대로 할 수 있는 것이 아닙니다. 그건 우리가 다음 세대에 좋은 상태로, 바라기는 우리가 물려받았을 때보다 더 나은 상태로 물려주어야 하는 것입니다. 땅은 나라에, 궁극적으로는 하나님께 속한 것입니다. 우리는 땅을 잘 보살필 책임이 있습니다. 땅의 생산성을 높이기 위해 사용되는 기술은 단기간 결과와 장기간 결과 모두 면밀히 살펴보아야 합니다. 그리고 이와 같은 원칙이 모든 기업에도 적용되어야 합니다. 우리가 물려받았을 때보다 더 나은 상태로 우리 자녀, 친구 또는 후계자에게 이 기업을 물려줄 수 있을 것인가? 이 '새로운' 또는 '현대적'인 기술을 장기간 사용할 때 어떤 부작용이 있는가? 언젠가 이 기술을 사용하지 않았더라면 하고 후회하지나 않을 것인가? 모든 것을 점검해 보아야 합니다.

같은 질문이 컴퓨터 사용에도 적용됩니다. 컴퓨터를 쓰면 여러 종류의 일을 할 수 있고, 그 일을 하기 위한 시간이 단축되며, 컴퓨터가 생기기 전이라면 불가능했던 일도 가능하게 됩니다. 하지만 근본적인 질문을 해봐야 합니다. '내가 하기로 했던 일이 뭐지?' 왜냐하면 컴퓨터로 인해 가능해진 수많은 일을 하고 있을 뿐, 실은 전혀 안 해도 될 일을 하고 있을 수 있기 때문입니다! 내 목표는 무엇인가? 만약 내가 서울에서 의정부까지 가려고 하는데 경부고속도로를 달리고 있다면, 아무리 멋진 차라도 소용없는 일입니다. 더 잘 달리는 성능 좋은 차일수록 나를 목표에서 더 멀어지게 만들 것입니다. 잘못된 방향으로 엄청난 진보를 하고 있는 거지요!

그러므로 우리 자신이 '진보'라고 말할 때마다 과연 그 진보가 올바른 방향으로 나아가는 것인지 질문해야 합니다. 우리가 '어떤 방향으로 움직이고 있느냐'는 것이 '얼마나 빨리 움직이느냐' 하는 것보다 중요합니다. 올바른 방향으로 느리게 진보하는 게 잘못된 방향으로 (빠르건 늦건) 진보하는 것보다 나으니까요!

따라서 '현대화' 또는 '진보'가 항상 좋은 것은 아닙니다. 우리는 먼저 우리의 목표를 분명히 하고, 어떤 방법이 그 목표를 향해 나아가는 데 도움이 될지 스스로에게 물어보아야 합니다. 어떤 사람들은 옛날 방식을 좋아합니다. 그 방식에 익숙하고 비교적 따르기 쉽다는 이유만으로요. 우리는 옛 것과 새 방식 둘 다 평가해 보고, 각각 어떤 결과를 가져올지 살펴보아야 합니다. 성경은 성령의 인도하심을 받는 것에 대해 자주 말합니다. 하나님께서는 성령을 보내서 우리를 인도해 주십니다. 성령이 우리에게 목표를 주시며, 올바른 방향을 주시고, 그 목표를 이루기 위한 가장 효과적인 기술도 주실 것입니다. 성령은 또한 다른 사람들이 세운 목표가 과연 하나님께서 우리에게 세우기 원하시는 목표인지 아닌지 올바로 판단할 수 있게 해 주십니다. 사람들은 때때로 매우 이기적인 목표를 세우는 반면, 하나님은 우리가 공동체 전체에 이익이 되는 목표(한 사람이나 극소수의 사람보다는 마을이나 기업 또는 도시 전체에 도움이 되는)를 세우기 원하십니다.

성경을 읽어 보면, 성경 역사의 어떤 기간에는 이스라엘 백성이 더 세련된 생활 방식으로 변화해 나가면서 더 행복하고 생산적인 삶을 살았던 반면, 또 어떤 기간에는 변화가 더 나쁜 결과를 가져오기도 했다는 걸 알 수 있습니다. 선지자들의 메시지는 대부분 사람들이 잘못된 방향으로 나아가고 있다는 경고이며, 많은 사람이 진보라고 자부심을 갖는 것이 하나님의 눈에는 타락일 뿐이라는 경고입니다. 우리 시대의 역사를 선지자의 눈으로 보고, 사람들이 살기에 더 나은 세상을 짓고 있는가 판단하는 건 중요합니다. 우리가 짓고 있는 사회가 하나님의 나라와 얼마나 닮았습니까?

'진보'라는 말과 종종 비슷하게 들리는 말로 '개척'이 있습니다. 개척은 미국에서 아주 인기 있는 단어입니다. 미국 사회에서 '개척자'는 여러 방면에서 영웅입니다. 개척자는 남들보다 앞서 나아가서, 다른 사람들이 그 길을 쉽게 나아갈 수 있도록 만들었습니다. 그들은 엄청난 역경을 겪으면서 아무도 가 보지 않았던 곳, 또는 '탐험가'만이 가 보았던 곳에 갔습니다. 탐험가는 아무도 가 보지 않았던 곳에 가서 그 땅을 조사하고, 개발 가능성이 있는지 평가하는 사람들이었습니다. 그들은 결코 멈추지 않았습니다. 그들은 계속 움직였고, 돌아와서는 그들이 발견한 것을 보고했습니다(물론 백인 우월주의 때문에 그들보다 훨씬 먼저 땅을 탐험했던 인디언을 무시했고, 심지어는 인디언들을 착취했습니다. 저는 여기서 탐험가가 동료 백인들에게 어떻게 보였는가를 말씀드리는 것입니다). 그들은 짜릿한 모험을 하고 높이 추앙받았지만, 아무것도 변화시키지 못했습니다.

탐험가의 뒤를 개척자들이 따랐습니다. 개척자들은 커다란 천막이 덮인 마차에 가족과 짐을 싣고 아무도 개간하지 않은 곳에 정착하리라는 이상을 품고 길을 떠났습니다. 그들은 간단한 집을 짓고 한 번도 개간된 적이 없는 땅에 쟁기질을 했습니다. 마을과 도시에서 조금씩 퍼져 나가며 개발된 지역에 사는 농부라면 인근 도시에 가서 최신형 농기구를 얻거나 숙련공에게 맡겨 고칠 수 있었지만, 개척자들은 상대적으로 원시적인 농기구를 써야 했고, 그것들은 쉽게 망가지지 않았습니다. 그들은 깊은 외로움을 견뎌 내야 했습니다. 서부로 가면 갈수록 집들은 서로 멀리 떨어져 있었고, 황야에 덩그러니 문명 한 채가 있는 식이었습니다.

우리는 아무도 시도해 보지 않은 일을 하는 사람들을 '개척자'라고 부르는데, 그들은 같은 일을 하거나 같은 동기를 가진 사람들이 없어서 황야의 개척자가 느꼈던 외로움에 직면하곤 합니다. 선교사들도 종종 '개척자 정신'이 필요합니다. 선교사들이 한

번도 개간되지 않은 황무지에 가서 농사짓는 법을 소개해야 할 일은 없을지 모르지만, 한 번도 기독교를 들어본 일이 없는 곳에 가서 기독교와 교회를 소개해야 할 것입니다. 미국의 개척자들처럼 선교사도 기독교가 무엇인지 전혀 모르는 사람들 사이로 옮겨졌을 때의 외로움에 대비해야 합니다. 자기 스스로 영적인 생활을 경작해 나가고, 개척자들이 샘 옆에 집을 짓거나 우물을 파서 가족과 가축에게 물을 공급한 것처럼, 성령의 생수를 공급받아 활력을 얻을 준비가 되어 있어야 합니다.

개척은 여러 가지 모양으로 나타나며 특별한 정신 상태를 요구합니다. 개척자는 아무도 가지 않은 곳에 기꺼이 가서, 일반적인 방법과는 전혀 다른 방법으로 문제를 해결하려는 시도도 기꺼이 해야 합니다. 개척자는 모험 정신이 있어야 합니다. 하나님은 삶의 모든 영역에서 개척자를 원하십니다. 세상에는 아무도 시도해 보지 않은 직업들이 무진장 많이 있고, 하나님께서는 그 일들에 달려들 사람들을 찾고 계십니다. 우리 사회가 변화하면서 '진보' 또는 '현대화'되어 갈 때, 이전에는 직면해 보지 못한 상황에 종종 처하게 됩니다. 그때 우리는 이 새로운 상황이 하나님과 어떻게 관계가 있는지 이해할 수 있도록 상상력을 달라고 성령님께 구해야 합니다.

이 세상에는 개척 정신이 있기는 하지만 하나님을 모르는 사람들이 있습니다. 그들은 자기가 개척하는 새로운 일이 하나님과 어떻게 연관되는지도 모릅니다. 그러나 하나님은 가장 위대한 개척자이십니다. 그분은 창조주이기 때문입니다. 하나님은 끊임 없이 새로운 방향으로 움직이고 계시며 우리 인류를 새로운 방향으로 나가도록 자극하십니다. 그래서 무언가 새로운 게 개발되는 걸 보면, 우리는 그것이 하나님의 계획에 들어맞는 건가 스스로 물어볼 수 있습니다. 아브라함과 이삭과 그 가족은 개척자였습니다. 그들은 계속 이동하면서 미래 문명의 기초를 닦았습니다. 그들이 그랬던 것처럼, 우리도 때로 이 새로운 일이 과연 하나님의 계획에 맞는 건지 아닌지 하나님께 물어볼 수 있습니다. 그러면 때로는 아직은 그 일이 하나님의 계획에 맞지 않더라도, 하나님의 계획에 맞도록 고치는 일이 어렵지 않음을 알 수 있습니다. 그리고 때로는 어떤 건 하나님의 계획과는 모순된다는 것도 알게 됩니다. 소돔과 고모라 그리고 바벨론의 큰 도시들을 세웠던 사람들은 온갖 새로운 아이디어를 갖고 있던 개척자였습니다. 그러나 그들이 하고자 했던 일은 하나님의 계획에 적합하지 않았고, 하나님께서는 선지자들을 보내어 그들에게 '다른 방향으로 나아가 그들의 계획을 하나님의 계획에 맞도록 변경하라'고 경고하셨습니다. 그러나 그들은 고집스럽게 거절했고, 그 결과 멸망당했습니다.

우리가 보기에 이 문명은 개척자, 새로운 것, '현대적인' 것과 '진보하는' 것을 너무나 숭배합니다. 그러나 하나님께서 과연 이런 것들을 어떻게 보시는지 물어야 합니다. 이 모든 것들의 뒤에 숨은 기본 가치와 동기가 하나님의 계획에 모순되는 것일 수 있습니다. 즉 하나님께 반역하는 것이라고 판명되면 우리는 이 일에 분명히 반대해야 합니다. 만약 다른 어떤 일들이 건설적이며 가치가 있고, 또한 세상을 위한 하나님의 창조 계획에 들어맞는 것이라면 우리는 기뻐하며 그런 일들을 격려할 수 있습니다. 하나님은 오랫동안 인류에게 어떤 일이 좋은 일인지를 말씀해 오셨으며, 사람들은 때로는 그 말씀을 들었고 때로는 거역하기도 했습니다. 그리스도인으로서 우리의 임무는 하나님의 계획에 맞는 일과 사람을 착취하게끔 만드는 일을 분명히 구별하는 것입니다. 우리가 배추 농사에서 맛본 참담한 실패는 하나님의 법을 지키지 않은 좋은 예이고, 하나님의 계획을 이해하지 못한 좋은 본보기입니다. 우리는 작물을 번갈아 심어야 한다는 걸 알면서도 우리의 탐욕 때문에 하나님을 거역했고, 그 결과 비싼 대가를 치르고 있습니다.

그리스도인으로서 우리는 하나님께서 우리 삶의 모든 영역을 주관하시며, 하나님이 관심을 두지 않는 일이란 하나도 없다는 사실을 기억해야 합니다. 하나님은 이 세계 전체를 창조하셨고 이 세계는 전적으로 하나님의 법칙에 따라 움직입니다. 바울이 로마서에서 '율법 아래' 있지 않다고 말한 것을 빌미 삼아 하나님의 법에 반발하려고 애써 온 그리스도인들이 있다는 건 좀 이상한 일입니다. 그러나 하나님은 창조주이시기 때문에, 농업이든 물리학이든 화학이든 모든 자연법은 하나님의 법이며 조금이라도 망가지면 문제가 생길 수밖에 없습니다. 또 모세의 율법에 나타난 인간 사회의 법이 있는데, 이것은 하나님께서 인류가 서로를 착취하지 못하도록 보호하기 위해 만들어 주신 것입니다. 교회가 이 법의 많은 부분을 무시해 왔고, 이로 인해 오늘날 수백만의 사람들이 기아와 질병으로 고통 받게 되었습니다.

여러분은 저에게 '교회가 수백만의 사람이 고통 받는 세계를 가져왔다'는 것이 무슨 뜻이냐고 질문할 것입니다. 서양에서는 한때 거의 모든 사람들이 그리스도인임을 천명하고 조직화된 교회가 정부를 다스리던 시기가 있었습니다. 수많은 기아와 질병으로 가득한 비참한 세계가 바로 그 시기로 돌아갑니다. 교회가 하나님의 법을 소개했더라면 그런 가난과 기아는 없었을 것입니다. 성경에서 우리에게 주어진 것처럼 이 사회를 위한 하나님의 법을 가르쳤어야 하는데, 교회는 그렇게 하지 않았습니다. 교회는 마치 그런 법이 없는 것처럼 행동했고, 세상의 정부가 가난한 사람들이 착취당하도록 내버려 둘 때 침묵을 지켰습니다. 현대에 와서는 하나님의 법을 따르면 건강과 번영이 오게 되어 있다는 사실과, 많은 사람들이 당하는 비참한 일에는 변명의 여지가 없다는 게 충분히 입증되었습니다. 이 사회에 건강과 번영을 가져오기 위해 하나님의 법을 어떻게 적용할 수 있는지 보여 줄 개척자가 되실 의향이 있습니까?

그리스도인들이 성령으로부터 개척 정신을 받아 하나님이 원하시는 사회가 어떠한지 깨닫고 그 사회를 어떻게 이룰지 인도 하심을 받기만 한다면 얼마나 좋을까요! 그건 바로 성경에 있습니다. 예수님께서는 "무엇을 먹을까 무엇을 마실까 무엇을 입을까 염려하지 말라. 이런 것들은 믿지 않는 자들이 구하는 것이라. 너희는 다만 하나님의 법과 그의 정의를 지키는 데 온 힘을 쏟으라. 그리하면 나머지 것들은 저절로 해결이 될 것이다"(참고. 마 6:33)라고 말씀하셨습니다. 우리가 사는 강원도 밭의 병충해는 사람들이 무엇을 먹고 마시고 입을지만 생각하고 하나님의 법은 생각하지 않아서 생겨난 결과입니다. 성령은 우리에게 하나님의 법이 무엇인지 보여 주고 그 법에 의해 살아갈 힘을 주십니다. 성령의 도우심으로 우리는 하나님의 개척자가 될 수 있습니다.

우리는 기꺼이 하나님의 개척자가 되려고 합니까? 기꺼이 외로움에 처할 준비가 되어 있습니까?

개척자는 결코 부자가 되지 못했습니다. 그는 모든 걸 어렵게 해나가야 했습니다. 그러나 그는 다른 사람들이 자기의 예를 따라갈 수 있게 만들었고 그래서 큰 민족을 이루었습니다. 만약 어느 그리스도인이 빨리 부자가 되고자 한다면, 그는 현대화를 하거나 '진보적인 일'을 해야 할 것입니다. 그는 다른 사람을 위한 일은 망치면서 자기 자신을 위한 '성공'은 할 것입니다. 그러나 그가 예수님의 본을 기꺼이 따르고자 해서 어렵지만 하나님으로부터 주어진 일을 하기로 한다면, 그는 하나님의 방법을 개척하여 장기적으로 볼 때 많은 사람들에게 축복이 될 것입니다. 우리는 하나님의 방법으로 일을 하도록 부르심을 받았습니다('먼저 그의 나라를 구하라'는 것은 하나님의 법이 무엇인지를 알라는 뜻이고, '그의 의를 구하라'는 것은 사람들 사이에 정의를 위해, 즉 가난과 착취를 제거하기 위해 일하라는 뜻입니다). 우리는 하나님의 방법으로 일하도록 명령받았습니다. 그렇게 하실 건가요? 우리가 하나님의 방법으로 일하기 원하도록, 또 그렇게 할 수 있는 성질의 힘을 주십사고 성령께 구하십시다.

"나라가 임하시오며, 뜻이 우리 개척자에 의해 땅에서도 이루어지이다!"

그리스도 안에서 형제 된 대천덕

Koinonia and Korea:
Thoughts on Korean
Unification

by Reuben Archer Torrey III

Table of Contents

Introduction

When I conceived this book a number of years ago, I had two goals in mind. The first, consistent with God's call on me to take up my father's concern for this divided nation, was to present his writings as they pertained to the issues of reunification. The second goal was to make it possible for both English and Korean speakers to read and understand this material. Archer Torrey always composed in English. His articles were then translated into Korean. It has been a simple matter to bring together both in one volume.

Father Archer Torrey(1918-2002) had a great concern for the nation of Korea, for society, for the Church and for people. His was a prophetic voice calling out for justice and holiness at all levels of society. It was difficult to put him in a convenient box. He was revered and vilified by people on the right and on the left. He did not hold to any human ideology but only to that which remained after close scrutiny in the light of Scripture. He sought the way of God, not the way of men. Many people these days speak of the Christian or Biblical world view. Fr. Torrey spoke and wrote about it but, more importantly, he lived it out in his own life. He also worked out its implications and application in all areas of life and human endeavor.

Born and raised in China, he experienced the clash of Eastern and Western culture and saw the fruit of imperialism at first hand. Educated in China and the United States during the wartime years of the 1930s and 1940s along with working as a construction laborer and a merchant seaman, he was exposed to a wide variety of beliefs and ideologies. His earliest pastoral ministry was among the disenfranchised in America's Deep South. All this experience gave him a great heart for the poor and the problems of society.

Ever dedicated to the search for truth, he conducted a three-year experiment while in college to determine if the Christian faith stood up to its claims and the claims of the Bible. At some point during that third year, he was able to state without equivocation his faith in the God of the Bible, the sinfulness of mankind and our need for a savior who died for our sins and rose again triumphant. He had tested the word of Scripture: the words of Christ, of the apostles, of the prophets and the Law of Moses and found them to be true. Not only was it all true but he knew beyond any shadow of doubt that this collection of inspired writings contained the answers to all of mankind's many, many problems. On the other hand, he found much to question and challenge in the traditional perspective of the Church–regardless of denomination. Adhering to the ancient creeds of the Church, he was never a theological "liberal" but he saw that the Church had in many ways undermined, misinterpreted or ignored the whole teaching of Scripture. The result was a fractured church with a dis-integrated theology. He considered this to be one of Satan's most effective attacks on the Church of Jesus Christ. He was dedicated to reintegrating its theology, not so much by borrowing from here or there but by seeking honestly and openly what the Bible said and following where it led, no matter what the consequences.

This dedication came at personal cost to him over the years starting first with his own obedience to the call of God. His dream was to become a nuclear physicist during the era of Albert Einstein and the exploration of the atom. These were heady times for an aspiring scientist. Yet, deep down inside, he had the feeling that if God really existed and the Bible was true than God would require him to enter the ministry. That was the last thing he wanted to do at the time–to be a minister! So, as he conducted his experiment, part of him hoped that he could disprove the existence of God and live his life the way he wanted to. Disobedience to the call of a sovereign God never entered his head. If God is God, then we better obey Him–for our own good.

This same dedication to truth and obedience led him

to explore the Scriptures deeply, always seeking to understand the context–historical and textual–always comparing, looking for inconsistencies and for correlations. This search led him to many new discoveries and, from time to time, into direct confrontation with the accepted understanding of the Church and society. Among other things, this also led him to ask for and receive the baptism of the Holy Spirit to be empowered for the work to which God called him. When he prayed to receive the baptism of the Holy Spirit, he did not experience any great outpouring of gifts or an emotional experience–these came many years later. As a young boy, I once asked my father how he knew that he had received the Holy Spirit. He replied that there were two things. The first was the simple promise of God to give the Holy Spirit if asked. He took this promise at face value. He had asked; therefore, he had received. The second way was the evidence–he kept getting into more trouble than before! The Holy Spirit in him often led him into conflict with the *status quo*.

Archer Torrey has been referred to as "The Apostle of Prayer." He was a man who prayed constantly. He frequently called people to pray, not for themselves, but for others. In 1965, he and my mother, Jane Grey Torrey, founded Jesus Abbey as a community of intercessory prayer. He knew that we–Christians, the Church, our society–fell far short of the Biblical ideal of obedience to God, yet he never despaired knowing that when all our efforts fall short, we can and are to turn to the almighty creator God who loves this broken world trusting

Him to see that His purposes are carried out in the end.

Fr. Torrey originally conceived of Jesus Abbey as a laboratory of Christian life as well as a house of prayer. Through this laboratory, through his talks at the community and elsewhere, and through his writings Fr. Torrey exercised a great influence on the Korean Church. Most of his writings consisted of articles and essays written for a variety of magazines. Many of these have been collected into books and others provided the source material for additional volumes. Unfortunately, very little of his writings have been published in English–a great disadvantage to the English speaking world. The main body of this material is a monthly column, *Letters from a Mountain Valley*, published over many years and collected into six volumes. These columns were in the format of answers to questions sent to him.

When he turned 80 years old, Fr. Torrey said that he believed God wanted him to dedicate the last years of his life to working for the reunification of Korea–North and South. He had already been thinking deeply and writing about this issue. Now he actively sought means to work for it. He did not know that at the time he had only four short years ahead of him. During those final four years, he taught and wrote more on the subject than in the past and, as always, he prayed.

Now, to celebrate the tenth anniversary of Fr. Archer Torrey's entrance into glory, we present this small collection of writings in both English and Korean. It is a tribute to him but, more importantly, we present this selection as a small contribution to the work that he sought to carry out, the work of bringing healing to this nation.

My father would be first to acknowledge that there is something here to upset just about anybody. Now we can upset a great deal more people by publishing in two languages! At the same time, most everyone will find something appealing here as well. One of my father's amazing gifts was to be close friends with people all across the spectrum of Christianity–Roman Catholic to Baptist, fundamentalist conservative to social activist liberal, Evangelical and Charismatic–and with many thoughtful non-Christians–atheist, agnostic, Buddhist, Confucianist and others. His friends included capitalist industrialists and dedicated socialists, those high up in the hierarchy of various denominations and the thousands of ordinary people who made the pilgrimage to Jesus Abbey. The reason that he was both admired and vilified, the reason that he did not fit into anyone's boxes was because of his total dedication to one source of truth only–the Word made flesh, Jesus Christ, the One who reveals Scripture and who is revealed in Scripture, the Way, the Truth and the Life. Fr. Torrey's life was a practical expression of his dedication to truth.

People have told me that while they really liked my father's ideas many of them were impractical or too idealistic. This never bothered him. Convinced that these ideas were eminently practical, he gave a lot of thought as to how they could and should be worked out in modern society. He frequently gave examples of how they were being worked out in one place or another. The truth is, I believe, that his words are so challenging that people would rather not deal with them. I believe it is time for us to be challenged once again.

There is something here for everyone–Conservative and liberal, secularist and religionist. I encourage people to read and absorb each one with an open mind. I also caution the reader against reading into these essays what is not there. For instance, Torrey's emphasis on the common ownership of land may make him sound like a socialist but he is quick to point out the failure of socialism and communism. When it comes to the produce of our labor–the work of our own hands, he is very much a *laissez faire* free market capitalist. At the same time he constantly advocates for the poor and the voluntary sharing of goods in Biblical *koinonia*. He is much concerned with the social impact of the Gospel while never neglecting the need for personal salvation or the work of the Holy Spirit.

The interesting thing is that while some of these essays were written almost twenty years ago, they apply as much now as they did then. This is ironically true of the essay *Kim Jong Il and Repentance* written in 1994 shortly after the death of Kim Il Sung. We now have a very similar situation with the death last December of Kim Jong Il and the current rule of his son, Kim Jong Un. All you need to do is change a few names and other details and this essay could have been written this year.

In closing this introduction, I would like to express appreciation to Sister Cho, Eun Soo for her work in editing the Korean language text. I also want to quote a verse that Fr. Torrey refers to frequently. It typifies his life–his passion for justice, his quickness to show mercy–to give of his own to someone in need and the humility that he practiced throughout his life.

He has told you, O man, what is good;
And what does the LORD require of you
But to do justice, to love mercy,
And to walk humbly with your God?
(Micah 6:8)

Ben Torrey
Jesus Abbey
May 2012

Chapter 1

God, the Church and Reunification

The Spiritual Conditions for Reunification

Korean version published in *Reunification Magazine (Tongil Nondan)*, 1993, Seoul, Korea

What are the spiritual conditions for reunification? The Christians of our country have been praying earnestly for reunification for many years and prayer is the basic condition. But there is a problem with prayer: when we come before God with our requests they must be in line with his will and we must be seeking his face to find out what he is expecting of us. Too often we have just assumed that reunification was according to God's will and have gone no further.

Not long ago, God spoke to one of the leaders of the church and told him to stop praying for reunification. The man was shocked, but God was very firm. He said, "If you can't reunify your own denomination, you have no right to pray for the reunification of the country." There is a sequence in God's plans, and necessary conditions. If we are indifferent to the divisions in the Christian church, which are so flagrantly contrary to God's will and which prevent unbelievers from acknowledging that Jesus was sent from God, then our concern for national unification is false. If we are more interested in national reunification than in reunification in the Body of Christ, then we are idolaters: the nation is our God, not Jesus. If the Christians in South Korea cannot cooperate, how do they expect to be able to cooperate with the non-Christians of North Korea? The first precondition of praying for reunification is to pray for the church.

How on earth can the church in South Korea be reunified? Only God knows. But if we let the Holy Spirit fill us with love for one another, if we accept the teaching of the Scriptures in this matter, the Holy Spirit will also give us wisdom to know how to proceed. The Holy Spirit will not give wisdom to those who are double-minded, who want political but not spiritual reunification, or who want it on their terms, not on God's terms.

The Korean church boasts of its loyalty to the Scripture. There are over 68 Scripture references to loving one another, but they are not taken seriously. We spend far more energy in criticizing one another. Let us stop for a minute and see what the Bible is trying to tell us.

Look at Psalm 85:10: *Mercy and truth are met together; righteousness and peace have kissed each other.* What is God saying? These elements are all needed for a healthy relationship to God and to claim his blessing on our LAND (verse 12): Mercy, truth, justice, peace. The church in Korea trumpets the truth from all the pulpits and seminaries, but mercy is in short supply, concern for justice, much less the practice of justice, is in short supply, and there is no peace—each denomination attacks the others and splits keep taking place. In 200 years there has only been one reunion.

How can such a church expect God to give that which is good to the nation? The current drive against corruption in government has exposed many Christians who have been involved in the corruption—not just rank-and-file Christians, but elders and pastors!

Now let us look at Jeremiah 32:39: *And I will give them one heart, and one way, that they may fear me for ever, for the good of them, and of their children after them.* and Ezekiel 11:19: *And I will give them one heart, and I will put a new spirit within them; and I will take the stony heart out of their flesh, and will give them an heart of flesh.* What is God saying? The New Covenant, which was made effective by Jesus' death and resurrection, is a covenant of oneness! By the gift of the Holy Spirit, God promised to give us one heart and one way. If we Christians do not have one heart and all go our separate ways, then we are not Christians at all: we are actors, fakes!

What is the conclusion, then? That the first condition for reunification is repentance for the disunity in Christianity in South Korea. Let the South Korean Christians get down on their knees and cry out to God to give us repentance and to give us determination to do something about our divisions, to send his Holy Spirit into our hearts, to give us a heart of flesh to replace our stony hearts.

The second condition for reunification is justice. If we have no plan to restore justice in North Korea, we have no basis for dialogue at all. Most South Koreans assume that the North Korean system, at present, is unjust. But how many South Korean Christians have any idea of what the Bible teaches about justice? What was Jesus talking about when he said, "Seek ye first God's kingdom and God's justice?" Is South Korea God's kingdom in any sense? Do we have justice in South Korea? What is justice?

When the man who can pay the biggest bribes gets the favorable decision of the judge, is that justice? When money can open any door, but the penniless can get nothing, is that justice? What does the Bible teach about justice? The Bible makes it very clear that justice begins with every man having his own land. The first "human right" is the right to land. The laws of the Bible protect this right and do not permit the wealthy and powerful to buy the land from the poor. They are allowed to lease it, but in the year of jubilee it returns to the family whose poverty forced them to lease it and the lease is terminated. There are various practical methods for implementing this principle, but we do not yet see them applied in South Korea. What we have seen up until now is the rich getting richer and the poor getting poorer by the exact methods condemned in the Bible: "Adding field to field and house to house until there is no standing room left, oppressing a man and his heritage." The words "heritage," "redemption," "redeemer," and many other common Bible terms all derive from the land laws which are the basis of all justice. Yet the church today is indifferent to these teachings in the Bible and the few who have called for justice have usually taken their definition of justice from socialistic and other humanistic philosophers. If we believe in God we believe in God's laws. If we believe in God's laws then we will find a way to enforce every family's right to land of their own.

When South Korea has found a workable formula to solve the land question, then we will have something about which to dialogue with North Korea. If we continue to allow, nay, to encourage land speculation in South Korea (the tax on buildings and homes encourages speculation in land) by our too complicated and unenforceable as well as incorrect (i.e. unjust) laws, we have nothing to talk about with North Korea.

Let Christians first pray that the church in South Korea will be concerned with justice. Then pray that the church will promote Biblical principles, not humanistic ideas of justice. Then pray that those in power, whether political or economic, will begin to legislate and to practice Biblical justice. When the Holy Spirit was poured out upon the church on the day of Pentecost, the land speculators sold their real estate ("fields and houses") and brought the proceeds to the church to use for works of mercy.

Mercy is the next thing after justice. When a nation does not have justice, the number of poor keeps increasing, the widows and the orphans are exploited or ignored, and the people who would solve the problems of the poor by works of mercy find that their resources are strained far beyond their limits. When there is justice, then the number of unfortunate people who require works of mercy is small enough so that the rest of the people can easily meet their needs. When we come to talk with North Korea we will find many who have been discriminated against by a ruthless system that operated on bribery, not justice, and we must be prepared to be merciful as well as just. We must ask God to fill us with compassion and then to give us wisdom to know how to exercise compassion at the practical level.

There is a third thing that God associates with justice and mercy, and that is "walking humbly with your God." Many people boast that they are Christians, that they keep God's laws, and that they are pillars of the church, but there is no humility in their walk with God. If we talk to our fellow countrymen in North Korea with that kind of an arrogant attitude, everything will go down the drain. We need to ask God for a deep humility in all our religious attitudes and relationships. Only with such humility can we possibly dialogue with those who have not met Jesus Christ or seen him manifested. They have only us to go by. If we are humble, if we are merciful, if we are concerned for justice based on the right to land, there will be room for dialogue and there will be a possibility that the honest people among them will see Christ in us and want to know him, too.

We can be reasonably sure that the totally anti-religious attitude of the North Korean government will have left a spiritual vacuum in North Korean life. Since there has always been an undercurrent of shamanism in Korea, it is very likely that some form of shamanism has continued and, possibly, even increased under Marxism. It will be underground, but it will have been winked at in a way Christianity will not have been winked at. Marxism perceives Christianity as a threat, because of its innate expectation of justice, but Marxism does not, at the practical level, perceive shamanism as a threat because shamanism has no ethical ideals and seeks only to bring about good luck through prayer and sacrifice.

There are many Christians in South Korea who have a shamanistic mentality, seeking to improve their luck with prayer, fasting, and church attendance. They assume that the God of the Bible is bigger than the little gods of the shamans and that Christians know all the tricks for getting in good with him. If we come to North Korea with this kind of Christianity, we will find a welcome for it, but for the wrong reasons. It will do nothing to change people's hearts, but will only confirm them in their selfishness. The individualism of South Korea, on which we pride ourselves as over against the statism of

North Korea, is the same sort of thing. It is self-serving and greedy; undermines true justice and mercy, and has nothing to do with walking humbly with God.

Is there a middle ground between the statism of North Korea and the irresponsible individualism of South Korea? There is. It is the Biblical phenomenon of koinonia. The key word in koinonia is "one another," and this is an expression that is repeated over and over in the Bible. We are told to love one another, and we are told in very strong terms that this is to be manifested in practical ways. We are to carry one another's burdens, whether practical, psychological, or spiritual. If the church in South Korea can learn to practice koinonia it will be able to demonstrate to North Korea the original of which "communism" is only a forgery and sham, a very poor counterfeit. Let us pray for grace to understand what koinonia is and to find ways in which to put it into practice among the Christians. When we have done that, we can hold up our heads and be unashamed when we talk to our fellow countrymen in the North.

Koinonia

Korean version published in *Reunification Magazine (Tongil Nondan)*, 1993, Seoul, Korea

We ended our last column with a relatively brief word about *koinonia*. Since this is not a subject that is taught in the theological schools and since it has been mistranslated in the Bibles in common use, very few Christians have any idea of what *koinonia* is. There is no single Korean or English or Chinese word for it. Therefore it is important to study this word, which is the Christian substitute both for individualism and for communism. First, it is important to note that the word "communism" in English and in most European languages is closely related to the Christian word "communion," which is the basic word used for translating *koinonia*. "Communion" comes from Latin, *koinonia* from Greek. In the Apostles' Creed we say, "I believe in the communion of the saints." In 2 Corinthians 13:13, in the old English Bible, we read "The grace of our Lord Jesus Christ, the love of God, and the communion of the Holy Spirit." We also find the Lord's Supper referred to as the "communion" of the Body and Blood of Christ. All these are from the Greek word *koinonia*, but they are all translated differently into Korean. In the English Bible, all other references to *koinonia* are translated differently. The fact is that *koinonia*: (and its related words) appears 74 times in the Bible, but that in both the traditional English and the traditional Korean translation there are 17 different words used. In the traditional Chinese translation there are 23 different words used!

This fact, of confusing translations, not only makes it imperative that we find out what this very important word means, but that we ask ourselves how did it come about that our scholars were unable (or unwilling) to translate it satisfactorily? Let us begin with the original Greek and the secular Greek usage of this word. When I attended theological graduate school I was told that the word hardly ever appeared in Greek literature, that it was strictly a Bible word. I naively believed this until about three years ago. When I finally became suspicious and began to check on it, I found that it has been used frequently in all periods of Greek literature and that it has not changed in meaning over at least 1,000 years. In secular Greek literature it is used for certain relationships which involve mutual commitment, lifetime commitment, and mutual responsibility. It is used for the relationship between husband and wife, for the relationship between own brothers and sisters (not uncles or cousins), for the relationship between sworn partners in a business, for the relationship between two kings who have a treaty, a sworn agreement to come to one another's aid in time of crisis, and it refers to the relationship between the members of a gang–they not only share the loot, but they share the responsibility, they protect one another from the police, and they do not allow anyone ever to leave the gang except on pain of death. These are the relationships referred to in the Greek language as *koinonia*. You can see that we have no single Korean word that can translate this concept. We can use such expressions as *sang tong*, or *kyo tong*, or *saguim*, or *kyo jae* but all such expressions are inadequate: either they are meaningless or they are too weak. By the same token, *gong san* is a very far cry from *koinonia*. So is *ji bang sa hoi* for which the English language uses the word "community." Another use of the English word "community" is *kong dong ch'ae*, which comes fairly close, but is still not quite the same thing.

My theological friends may be thinking, "It is all very well for you to talk about what *koinonia* means in secular Greek; but is that what it means in the Bible?" I reply by looking for the word in the Greek Old Testament, which was the Bible of the early Christians, and I find the same uses: treaties, marriage, business partnerships, and gangs. The Gospels also use the word in the same senses. It is not until we come to the book of Acts that a new dimension is added, the *koinonia* of the Holy Spirit.

Paul speaks of the *koinonia* of the Holy Spirit as if it is one of the most basic concepts of truth, along with grace and love. He assumes that what grace is to Jesus' role, and what love is to the Father's role, *koinonia* is to the Spirit's role. When did the *koinonia* of the Holy Spirit first appear? The first direct reference to it is in Acts 2:42. This is not easy to translate: It may mean "they devoted themselves to the apostles' teaching and *koinonia*," or it may mean, "they devoted themselves to the apostles' teaching and to the *koinonia*." In each case, however, it assumes that the *koinonia* of the apostles, or simply, "the *koinonia*" was something already in existence. If so, when did it begin? The day Jesus rose he breathed into the apostles and said, "Receive the Holy Spirit" (John 20:22). They did not receive the power of the Holy Spirit, but the *koinonia* of the Holy Spirit. From then on they were of one mind and heart.

Kim Jong Il and Repentance

Korean version published in *Reunification Magazine (Tongil Nondan)*, 1994, Seoul, Korea

People have been asking if the death of Kim Il Sung means that God is satisfied with the church's repentance. It means he is being merciful to us and removing one danger and opening the way for some changes. Unless we pray earnestly, however, we may be no better off than before.

What do we pray for? We pray for Kim Jong-Il to change the meaning of the word *juche*. He cannot drop the word or bury the word without maligning his father. But words can change their meaning. This word must, somehow, be reinterpreted to mean that North Korea can cooperate with South Korea for investment and development. There have already been a few tentative moves in that direction. Now we need earnest prayer that we can provide investment, employment, and economic help without anybody losing face. We must not push reunification too fast or we will face a much worse scenario than that faced by West Germany after removing the Berlin wall. Years have now gone by and the difference between those two countries is still a problem for West Germany. If we try to remove the DMZ overnight we will face a much more difficult problem: as we have said before, it will be like the breaking of a dam with terrible damage as the water floods down into the valley below.

We must pray earnestly that God will lead Kim Jong-Il and his advisers in the right direction. But we must also pray earnestly for South Korea. We have not yet repented as we should. God's word to us was for the church people to repent. Nothing happens by accident, since God is the Creator. This disastrous drought we are currently enduring is God trying to say something to us, as he spoke to the people of Israel in the time of Ahab and Jezebel. Ahab believed in Jehovah, but he allowed his wife, Jezebel, who was a Baalist, to lead him around by the nose. Today we have many Christians in public life and high up in government, but they are letting themselves be led around by the nose by the atheistic humanists, especially the big landlords who have created tremendous fortunes and political power through land speculation and land "ownership." Such "ownership" is, in God's view, not only Baalistic, it is a form of legalized theft. Until the Christians in the National Assembly agree to reduce taxes on production and construction and increase–drastically–the "taxes" (actually, the payment of rent to the real owners of the land, the people of the nation) on land we can expect our economy to deteriorate steadily as the American and European economies are doing.

God has told us that greed is idolatry, but there are very few signs that the church has even begun to repent of greed. We can thank God for increasing repentance with regard to abortion, but that is only a beginning. Remember 2 Chronicles 7:14: *If my people, which are called by my name, shall humble themselves, and pray, and seek my face, and turn from their wicked ways; then will I hear from heaven, and will forgive their sin, and will heal their land.* What "wicked ways" is God talking about? Adultery, breaking up of marriages, husbands being violent toward their wives and wives obeying the pastor rather than their own husband, and all of this supported by constant lying. "Christian" women lying to their non-Christian husbands, "Christian" children lying to their non-Christian parents, and a general attitude in the church that truth is of no consequence! God is truth, and any form of lying, whether in business, politics, or church life, is ungodly and cannot bring God's blessing. In public life there has been considerable repentance of bribery, but there is still a long way to go. And what about anger? We pray every day "forgive us our sins as we forgive those who sin against us." Have we really begun forgiving those who have hurt us, whether parents, false friends, national enemies, or any others against whom we harbor anger in our hearts? As we begin to forgive others, God will begin to forgive us and heal our land.

Shamanism

Korean version published in *Reunification Magazine (Tongil Nondan)*, 1994, Seoul, Korea

People think of Shamanism as Korea's original religion, and all the world over we find various forms of shamanism in each country. Evolutionists assume that, because it is more primitive than Confucianism or Buddhism or any form of monotheism, it came first. But creationists know that the same law that applies to physics, saying that everything tends to go downhill, to cool off, to increase in disorder, also applies in the spiritual realm. Every nation originally knew about God, the creator. In Korea he was known as Hanunim, in China as Ch'on or Sang Jae, and in Israel as either Elohim or Jahveh.

The problem is that people also know that God is powerful, just, rules by law, is uncompromising, and will not hear the prayers of those who hate his laws. There is no country where this is not understood. But because people either did not want to or could not keep God's laws, they came to the conclusion that it was futile to try to work with him, so they looked around for lesser spiritual beings with less strenuous demands.

Such lesser spirits are never hard to find. They are waiting around to deceive people. They are fallen angels or demons. In Greek thought, as in Korean thought, the word "demon" is not necessarily used in a bad sense. It is just a minor God. It is the Christians who have recognized that these minor Gods are agents of Satan and have, therefore, given the word "demon" (*kwi shin*) a bad connotation. Shamanism is a broad term that includes any form of trying to use such spirits (supposed to live in mountains, lakes, springs, trees, etc. etc.) to answer prayers when it is assumed (usually correctly) that God is not accessible. The good news is that God has now become accessible and we don't need spirits. God is more powerful. And loving!

But how has God become accessible? It is through Jesus' death on the cross and his resurrection (breaking all the powers of all the spirits by breaking the power of Satan) and Jesus' ascension into heaven to be at God's right hand and his sending, from heaven the Holy Spirit who comes into our hearts when we ask him to (in Jesus' name) and makes us desirous of doing God's will and thus able to communicate with God. We don't need *mudangs**. We can have personal contact

---

*Korean word for shaman.

with God.

Not all "Christians" really like this plan. Some still want to have their own way and want to find some technique for getting God to do what they want. This is the shamanistic mentality. People don't offer sacrifice to spirits just because they love those spirits. They offer sacrifice to spirits in order to get something from them. In the process, sometimes they get so enslaved by the spirits that, even though there is nothing they want from the spirit, they have to go on offering sacrifice as the price of not being tormented.

Love is the key to changing the shamanistic mentality. If we love God and let him send the Holy Spirit so that we can love our neighbors as ourselves, all our prayers will be that God's will be done and God will hear these prayers without any special tricks such as fasting, special masses, 40-days prayer, etc. If we do these things as spiritual disciplines to strengthen ourselves spiritually and to bring ourselves to more maturity, these things are good. But if we use them in the hopes of forcing God's hand, they are shamanistic. It is not the form, it is the mindset. The Christian mindset is eagerness to do God's will, to find out what it is and how we can do it. The shamanistic mindset is to want our own way and to try to trick God into doing things our way. Both mindsets can be found in the Church.

We can be quite sure that as people fail to get what

they want from Marxism, in North Korea, many will turn to shamanism. If we want to bring our North Korean cousins the good news that God is the ruler of the universe and that he loves us and that he wants only the best for us, and that we can approach him, as sons, through Christ, we had better be sure we are thinking in those terms now. If we come to North Korea with a "gospel" that says "if you get baptized, and if you attend church regularly, if you tithe, if you fast and pray, you can get what you want," we will just be substituting one form of shamanism for another. Colossians 3:5 tells us that greed is idolatry. Shamanism is based on greed. Real Christianity is letting the Holy Spirit remove all greed from our hearts and fill us, instead, with love and a desire to serve both God and our fellows. This is God's good news for those who have been deceived and exploited and made miserable by Marxism.

Chapter 2

Repentance and Restoration

If My People

Korean version published in the series, "Letters from a Mountain Valley" Shinangye magazine, September 1997.

Dear Father Torrey:

It was good to visit you at Jesus Abbey with my friends who had been at a prayer mountain fasting and praying for this country. I am only an evangelist, but I had the privilege of bringing two pastors with me and while there we met another, and all had the same burden. We are terribly distressed for our country. Could you review for me what you shared with us while we were there?

Your brother in Christ,
Chong Song-kil

Dear Brother Chong:

It was a great joy to me to have you join us at Jesus

Abbey and share with us in our prayers on behalf of this nation. Like you, we are deeply burdened. The problems facing us appear to be insurmountable and, apart from God's miraculous intervention in answer to prayer, they will not be resolved. Apart from God's supernatural power we are headed for disaster.

However, God holds out a hope for us. 2 Chronicles 7:14 reads "If my people, which are called by my name, shall humble themselves, and pray, and seek my face, and turn from their wicked ways; then will I hear from heaven, and will forgive their sin, and will heal their land." God does not want to see our land fall into any kind of disaster. He wants to heal our land. In particular, the deep division between North and South and the unhappy bitterness and anger connected with that are a real burden to our Lord and something he wants to heal. But he states that the condition for healing is repentance and changing our ways and seeking his face.

There is a great deal of seeking the face of the Lord, today, but it must be accompanied by repentance and change. We must also change, and this is difficult. Let us look at these conditions one by one. We must begin with seeking God's face, with prayer for ourselves and for our whole nation. For the non-believers we must pray that they may come to a realization that, apart from God, they can do nothing good. We must pray for them to seek the Lord and repent of trying for so long to do everything in their own power. And we must pray for the church to be able to receive them lovingly. We must be as welcoming to new people who want to come to us to find out about God as the father in Jesus' parable was welcoming to the prodigal son when he returned home. We must avoid all arrogance and pride, praying for love and a welcoming spirit.

We must also pray for the church that it may acknowledge its own failures to persuade people to follow God's ways and its failure to act as a watchman. Ezekiel tells us that if God sets up a watchman and the watchman fails to blow the horn the people will perish but that he will hold the watchman responsible. I am afraid that the church in our country has failed to blow the horn and most of the people do not know what the problems really are. They know something is wrong, but they are seeking wrong solutions because there are not enough watchmen to tell them what is right. We must pray for the church to accept its role as a watchman and also for the clergy of the church, as people who have spent many years studying the word of God on a full-time basis, to serve as watchmen and to blow the trumpet and warn the nation.

What are the things of which we must repent? Jesus said, "Seek ye first the rule of God and God's justice." We have put worship, church attendance, paying tithes and such things ahead of God's governance for our country and of God's justice. We have got our priorities reversed. Jesus said of tithes, "These you should have done, and not to have left the other undone," referring to "faith" and "mercy."

What did Jesus mean by "faith?" He was talking, first of all, about being dependable, about keeping one's word, never telling lies. Today's culture has become a culture of lies. The politicians lie in order to get elected. The newspapers lie in order to please their advertisers. The TV lies in order to attract more viewers. Lying is taken for granted as perfectly normal. The fact is, there cannot be a stable society without a foundation of truth and trustworthiness. If I do not know whom to believe or what to believe I am completely insecure and will also not know what direction to go. This problem has affected the business world, with people lying to the banks about their capacity to repay loans and about the security they offer for loans. Business loans are a normal part of business life but when they are made in response to misrepresentation the foundations of our financial structure are undermined. At the same time, there is the question of interest rates. God orders his people to lend money to the poor without charging any interest whatsoever. A bank or credit co-op may make a service charge in order to stay in business without going bankrupt, but if it tries to use its money-lending powers to make someone rich then it is exploiting its customers and violating God's laws. We need to blow the horn in the matter of finances both for the poor and for ordinary business.

There is another area in which we need to blow the horn and that is the area of sexual relations. Here the influence of the media, especially the TV, has destroyed our sense of values and morality. Easy divorce has become "normal."

Loyalty to one's marriage vows is no longer taken seriously. The traditional Korean family, including several generations living closely together has gone out of style. Nevertheless, it is the kind of family that the Bible assumes is normal. Today, an unhappy marriage is considered immediate grounds for dissolving the relationships. The fact is, some of the greatest men in history had very unhappy marriages but they were loyal to their wives to the very end. Today, such people are considered stupid. They are not stupid but obeying God's laws, "Thou shalt not commit adultery," and "thou shalt not covet thy neighbor's wife." We also need to stress "Honor thy father and thy mother" in order to have a stable family system as a foundation for a stable society. But the TV. industry knows that people love stories with a sexual flavor and they deliberately fill the screens with stories and pictures that are contrary to the will of God. In addition to the evil content of a high percentage of TV shows, there is a great deal on the TV that is simply a waste of time and the amount of time people spend sitting before a TV set is time stolen from God. It is time that should be spent in prayer or Bible study or in human relations—ministering to our neighbors and introducing them to God. There is far more creative and constructive work to be done than we can possibly accomplish in our lifetime and to neglect it in order to waste time looking at TV is something we will have to answer for when we meet our Lord face to face.

The TV undermines the law of God in two obvious ways: it is centered on making and spending money and so sets up the God of money as our God; and the heavy emphasis on sex leads our people astray so that married people consider faithfulness to their spouses as an old-fashioned idea and young people think that free love is normal. When Balaam could not persuade God to curse the people of Israel he persuaded the Israelites to engage in sexual immorality and the curse of God was brought down on them by themselves. The widespread sexual immorality in our country today is inviting God to destroy us. We must blow the trumpet and warn against it.

Another matter for which we must repent and change our ways is the extensive practice of two parents both working in a business or factory. Sometimes this is made necessary because the income of one is not sufficient to support the family, but all too often it is because the wife is bored being at home with the children and wants to go out into the world and mix with other people and make some money that she can call "her own," and to have a higher standard of living and to be able to buy luxuries she could not otherwise afford. Often this lust for luxuries is brought on by the TV. It ends with the children being sent to nursery schools and kindergartens and not having the benefit of a mother's attention and love in their own home. Such children grow up hungry for love and early in life develop psychological problems. If one were to ask what is the emotional setting behind much of the sexual immorality one would find that it had to do with children being neglected by their mothers and ignored by their fathers and growing up hungry for love.

This brings us to the problem of low wages. We must repent of not paying people enough to live on. But our country is in a real bind over the matter of wages. If we pay high enough wages for one salary to support a family in reasonable comfort the cost of our manufactured products becomes so high that we cannot compete in the international market. On the other hand, if we cut our wages to compete with those paid in other countries one man cannot support a family and his wife will have to go to work, too. Very few people understand the basic problem behind this situation. It is land. The land in Korea is priced so high that it is among the most expensive in the world. The price of land affects every kind of business, as no business can exist without land and the cost of land or the rent of land is a major expense in every business. Let us ask ourselves whether God has shown us a solution to this problem and whether we are disobeying his laws.

In Leviticus 25 God lays down the basic law with regard to land and with regard to justice in human relations. Justice is based on the fact that the land belongs to God and is not to be bought and sold like a man-made commodity. The laws under which we are operating in this country that permit people to hoard land and run its price up are the laws of Baal*, not the laws of Jehovah or of Jesus. Jesus told us he came to fulfill the Law and the Prophets. Can we fulfill the laws about land and establish the basis for the kind of justice which the prophets demanded? Yes! It is easy. The government can charge rent for the land. This is sometimes referred to as a land value tax, but it is no more than recognizing the fact that the land of the nation has been given to us by God and whoever uses it should pay rent to the people, not to some private individual. In practice, we do not have to change the titles or institute any kind of complicated land reform. Just collecting the rental value for the people by the government will bring the price right down and make land available at a reasonable price for any business. Whereas now, the cost of land may double the cost of a house or a business and make it very difficult to pay a decent wage to labor, once the government begins collecting the "land value tax" or "site rental" the cost of doing business will go down and it will be possible to pay decent wages. This is happening in such places as Taiwan, Hong Kong, and Singapore, as well as in a number of cities in America (land tax in America is collected by the local government, not the national government).

Of the many things for which we have to repent perhaps following the laws of Baal and failing to collect land rent for the people is one of the worst. It brings many other evils in its wake, such as low wages and low profits. It discourages investment and brings about economic depression with increasing unemployment and a tremendous burden on those who are working trying to support, directly or indirectly, those who cannot find work. In the case of our country, it is also a very frightening thing for North Korea to watch, fearing that if reunification should take place on South Korea's terms the South Korean landlords would rush up and buy and control the land of North Korea and reduce the population to underpaid workers on the land and in the factories of the wealthy South Korean landlords. It is not at all surprising if North Korea is afraid of us. They are not afraid of our weapons of war. They are afraid of our terms of peace! We can see this kind of thing going on all over the world. Wherever the World Bank or the International Monetary Fund claims to be helping some under-developed country to get on its feet economically it turns out that it is at the cost of selling their land to the foreigners who

---

*The "laws of Baal" and similar expressions that appear throughout Archer Torrey's writings stem directly from the episode of Naboth's vineyard in 1 Kings 21. Ahab, the son of Omri, founder of the Om-ride dynasty in the northern kingdom of Israel, took as his queen the infamous Jezebel, daughter of the Phoenician king of Sidon, Ethbaal. Under the Biblical law, as detailed in Leviticus 25, all Israelites received their land as an inheritance from Yahweh, the God of Israel, to whom it belonged. They were not allowed to sell it permanently. While it might be leased for a period, ownership had to return eventually to the tribe and family to which it had been assigned originally. Jezebel, a worshipper of the Phoenician god, Baal, had a totally different perspective. As far as she and the laws of Baal were concerned, the king was free to take any land he fancied, especially if it were forfeited by execution of a criminal. She did not recognize any ownership by Yahweh. She arranged for Naboth to be accused falsely and stoned to death then told Ahab to appropriate the vineyard. For this act and, through it, the introduction of the Phoenician system of the laws of Baal, the prophets of Israel condemned not only Jezebel but Ahab and the whole House of Omri.

own and manage the World Bank for their own profit. With the selling of their land they also lose their freedom, for without land their is no liberty. Here in South Korea, there is nothing to keep us from establishing a godly land rent system that will show our repentance.

There is another sin for which we must repent and change our ways. That is the widespread teaching of evolution in all our schools and universities. This evil and unscientific teaching has been allowed to creep in to our Christian colleges and has undermined not only our young people's faith in God with the teaching that all that happens in the world happens by chance, not by the action of God, it has also undermined the basis for morality. If we are descended from beasts then we are only beasts, ourselves, and there is no reason not to live like beasts. The evolutionist thinking that is taken for granted and almost unchallenged in our universities is one of the primary reasons for our loss of a moral code, whether it is sexual chastity, faithfulness in marriage, or telling the truth in all relationships. "Survival of the fittest" really means "survival of the most ruthless" and it means that the smartest thing is to be completely selfish and immoral in every area of life, to seek only riches and power and reputation and not to "fall for" such "foolishness" as believing in God and accepting God's moral laws. The Bible tells us that the wisdom of the world is foolishness to God. It leads to destruction, beginning with the destruction of society. A sick society, like a sick body, is headed for death unless something happens to heal it.

One other terrible sin for which we must repent is the widespread and unpunished practice of murdering babies. The Bible refers to this as "shedding innocent blood." In our country, today, it is said that 4,000 babies are killed every day. This is one of the highest rates in the world. Very few of our watchmen are blowing the trumpet about abortion. It is not just a problem of the unmarried women who have become pregnant through immoral relationships. It is also a practice of many married women who want to limit the size of their family and want to decide how many boy babies and how many girl babies they may have. This is not just heathen women, but includes many church-going mothers of families. This is not just committing murder, this is also trying to play God. The day is not far off when there will be too many men and not enough women because so many girl babies have been aborted. This is going to be a very messy situation.

Our society today is very sick. Our nation is very sick. But God wants to heal us and he says that if we, the Christians, who are called by his name, will humble ourselves and repent and change our ways he will hear from heaven and will turn again and heal our land. Let us pray for grace to repent and wisdom to know when to blow the horn and courage to do it.

Your brother in Christ,
Dae Ch'on-dok

Justice

Korean version published in two parts in the series, "Letters from a MountainValley" Shinangye magazine, August and September 1996.

1. The Hebrew and Greek Words *Tsedeq* and *Dike*

Our Korean word today is *eui*. This is a word that we use a great deal in the Korean church. It appears very often in the Bible. It is an important concept in Confucianism. Nevertheless, I am sure that the average Christian would be hard put to explain what it means! It translates the Hebrew word *tsedeq* and the Greek word *dikaios*, which, together, appear over 1,100 times!

In translating the Bible into Korean, *tsedeq* and the other words that come from the same root, together with *dikaios*, and the other words on that root, were translated *eui* more often than anything else. By itself, *eui* is not a modern, conversational word. It comes from a Confucian tradition that refers to right relationships, including the relationship of a person to his ancestors, to the other members of his own family, and to the community or society at large. In modern times we use the word *chong eui* together with *kong eui*. In English the word "righteousness" is generally used where *eui* is used in Korean and "justice" where *kong eui* or, occasionally, *chong eui* is used in the Korean translation. We have several questions to raise in this connection: What are the original words? Is there an important concept back of them? Can we look at least a few examples in order to get the feeling of these concepts and, finally, what does it have to do with us?

Reading every verse where *tsedeq* or *dikaios* the various words on the same roots is used is a considerable task, as there are so many references, over 1,100 as we said, but it is very worth while. We also find that most of the passages assume the reader knows what these words mean and that we have to find other passages where the words are not directly used, to get the detailed understanding of their meaning. One soon discovers, reading all these verses, that it is very similar to the Confucianist *eui*, in that it deals with relationships. The difference between the Bible concept and the Confucianist concept is that in the Bible the two most basic relationships are those of man with God and man with man, including the prosperous person or the person in authority and his relationship to the poor and oppressed. In the Hebrew we find two quite different words often being used together or even in overlapping senses. The second word is *mishpat* or *shaphat* (same root) and refers to doing something about the actual relationships involved in *tsedeq*. The Greek *dikaios* includes both concepts: justice and demanding or executing justice.

How important are these ideas? Words used so frequently must be fairly important. Are these words different in the Old Testament and the New Testament? One can easily get the impression that *tsedeq* and *dikaios* are unrelated, unless one reads the Old Testament in Greek (The "Septuagint" or "LXX") and discovers that *dikaios* is the normal translation. What we find is that the Old Testament deals mainly with the demand for human beings to be just, as God is just. The New Testament is concerned with how man can be changed and made into a just creature, like God. The vagueness of the word *eui* in Korean and the word "righteousness" in English makes it possible to read the Bible through many times and not take in what it is saying. I do not know the figures for the Korean translations, but I do that the King James Version, the translation that has completely dominated the English-speaking culture for 400 years, translates 80% of the references in this vague and, at least to modern speakers of the English language, practically meaningless way. In this paper, although I have to use the KJV (that is all I have on my computer) I will substitute the word "justice" for the word "righteousness."

2. Is There a Demand for Justice in the Bible?

We can guess that any concept that is referred to more than 1,100 times in the Bible is important, but let us look at a few verses that tell us directly how important it is. We start with Matthew 6:33: "Seek ye first the kingdom of God and his justice." Here is a clear statement that the Christian's first duty is to seek justice. Jesus, in saying this, is picking up a theme of the prophet Micah: Micah 6:8 reads, "He hath shewed thee, oh man, what is good; and what doth the LORD require of thee, but to do justly, and to love mercy, and to walk humbly with thy God?" Micah makes it clear that doing justice is the first thing. This is the same as what Jesus teaches. "Seek ye first..." Jesus combines seeking justice with seeking God's kingdom. What is the connection? And is this what the church is really doing? How does this relate to Jesus' final commands just before he ascended into heaven? Before we try to answer these questions, let us look at some representative Bible verses that will give us a better feel for what the Bible is talking about when it uses these words.

One of our favorite psalms is Psalm 23, but we do not notice that it deals with justice: restoring justice in the nation on behalf of the poor and downtrodden. He counts on God to lead him in the way of justice.

Leviticus 19:15 *Ye shall do no injustice in judgment: thou shalt not respect the person of the poor, nor honour the person of the mighty: but in justice shalt thou judge thy neighbour.* Here we see that justice means fairness, no partiality.

Proverbs 21:3 *To do justice and judgment is more acceptable to the LORD than sacrifice.* Here in Proverbs we find the same thing as in Micah 6:8 (Micah mentions sacrifice in the immediately preceding verses). Jesus told the religious leaders of his day that their worship was meaningless because they were ignoring mercy and justice. Here are the immediately preceding words in Micah 6:6-7 "Wherewith shall I come before the LORD, and bow myself before the high God? Shall I come before him with burnt offerings, with calves of a year old? Will the LORD be pleased with thousands of rams, or with ten thousands of rivers of oil? Shall I give my firstborn for my transgression, the fruit of my body for the sin of my soul?" Then comes the verse we just looked at: it is not sacrifice but justice that God wants.

Psalm 4:5 *Offer the sacrifices of justice, and put your trust in the LORD.* Here we see the two things, sacrifice and justice, connected. "Offer the sacrifices of justice" is a way of saying the same thing as Micah 6: "What shall I offer?... He hath showed thee, oh man, what is good: to do justice..." Compare Jesus: "You have left undone the weighty things of the law, justice and mercy." The teaching of the prophets and of Jesus is consistent: without justice, sacrifice is worthless. This means that if we claim Jesus was sacrificed for our sins and we are thereby forgiven but do not need to do justice, we are in the same boat with the Pharisees and Sadducees, we are not offering the sacrifice of justice. Amos tells us what God thinks of beautiful Christmas and Easter cantatas, of magnificent church music or stirring choruses without justice in Amos 5:11-6:6. Look it up.

3. What is Justice at the Practical Level?
Now that we have seen that justice (and God's king-

dom on earth) is what is expected of us, we need to examine a few passages that will give us some idea of what justice is in practical life. Economic injustice, leading to widespread poverty, is the thing that has driven many people away from a so-called Christian society and into the arms of Marxists and other anti-Christian movements. The Bible has a great deal to say about the poor. It also lays down, as a fundamental part of the Law of God, an economic system that will keep poverty to a minimum. Micah refers to the nation practicing the system taught and enforced by Omri and Ahab, the landlord system. Since human beings are land creatures and cannot live indefinitely in the water or the air, the question of to whom does the land belong is basic. Today, many thoughtful people are saying that the concept of "land" must be extended to all natural resources, including oceans, the air, and the electro-magnetic spectrum.

We will look at parts of Leviticus 25 (the whole chapter should be read carefully). This will give us a picture of what the practical basis for justice is in the Bible. This is the basic chapter on economics and social justice and its regulations are implicit in all references to justice in the Bible. Some theologians dismiss it as belonging to a different dispensation, irrelevant to our time. The fact is, right here are the answers to the poverty and misery that is increasing so steadily as we can tell by reading the papers. The Korea Times for March 8, 1995 reported "Boutros Ghali said 1.3 billion people—more than one in four—live in poverty and 1.5 billion do not have access to basic health care. The gap between rich and poor has doubled since 1960... But the summit (183 nations) was tinged with an air of futility..." What else can we expect from the Baal system being promoted by the USA, United Nations, World Bank, IMF and the rest? What is God's system? Is it workable?

Lev. 25:2 *Speak unto the children of Israel, and say unto them, When ye come into the land which I give you, then shall the land keep a sabbath unto the LORD.* The system begins with a Sabbatical year for farmland every seven years.

Lev. 25:4-7 *...the seventh year shall be a sabbath of rest unto the land, a sabbath for the LORD: thou shalt neither sow thy field, nor prune thy vineyard... for it is a year of rest unto the land. And the sabbath of the land shall be meat for you; for thee, and for thy servant, and for thy maid, and for thy hired servant, and for thy stranger that sojourneth with thee, And for thy cattle, and for the beast that are in thy land, shall all the increase thereof be meat.*

On one occasion, Israel was about to be conquered by the Greeks, but because they were keeping a sabbatical year the Greeks could not find enough food to feed their armies and their horses and they called off the war and gave Israel independence! This is recorded in the Book of 1 Maccabees, Chapter 6. Now we read on about the Jubilee year, Lev. 25:8-10 *And thou shalt number seven sabbaths of years unto thee, seven times seven years; and the space of the seven sabbaths of*

*years shall be unto thee forty and nine years. Then shalt thou
cause the trumpet of the jubilee to sound on the tenth day of the
seventh month... throughout all your land. And ye shall hallow
the fiftieth year, and proclaim liberty throughout all the land
unto all the inhabitants thereof: it shall be a jubilee unto you;
and ye shall return every man unto his possession, and ye shall
return every man unto his family.*

     The word "jubilee" derives from one of the words for
trumpet, *yobel.* The important thing for us is the word "pro-
claim liberty," in direct connection with each one returning to
his own land. WITHOUT LAND THERE IS NO LIBERTY!
Continuing: Lev. 25:13 *In the year of this jubilee ye shall re-
turn every man unto his possession.* The land was distributed,
at the beginning, and it can never be alienated for more than 49
years. Then it goes back free and the people are free, too! Hal-
lelujah! Jubilee! Roar with the trumpets! And if the UN doesn't
like that system, tough! There is no other. The UN tells us
there are thirty "human rights," but it does not include the right
to land. The word "right" is another meaning of our Hebrew
words *tsedeq* and *mishpat,* but it is meaningless for people who
have no land and have to pay a landlord whatever he demands
for the privilege of making a living. The landless laborer is
worse off then a slave. A slave must be given food, shelter, and
clothing for as long as he lives. The landless laborer can be
sent away any time with nowhere to go but the sidewalks. The
Bible goes on (verses 14-15): *And if thou sell ought unto thy
neighbour, or buyest ought of thy neighbour's hand, ye shall*

not oppress one another: According to the number of years af-
ter the jubilee thou shalt buy of thy neighbour, and according
unto the number of years of the fruits he shall sell unto thee.
This is the core of the system: the land is not sold, just leased
and the lease is calculated by the number of years to the next
jubilee. This is the Hong Kong system. Taiwan uses a variation
on this principle. Verse 16: *According to the multitude of years*
thou shalt increase the price thereof, and according to the few-
ness of years thou shalt diminish the price of it: for according
to the number of the years of the fruits doth he sell unto thee.
There is no such thing as selling land: only products, that is,
potential productivity. Verse 17: *Ye shall not therefore oppress*
one another; but thou shalt fear thy God: for I am the LORD
your God. Not to recognize the basic right to land is to oppress
one another, the opposite of justice.

Compare this comment from Ecclesiastes 5:9: *The*
profit of the land is for all, and the government is served by the
cultivated area. God promises security to those who keep this
law. Lev. 25:18 *Wherefore ye shall do my statutes, and keep*
my judgments, and do them; and ye shall dwell in the land in
safety. Historically, we have seen this. If you stick to this sys-
tem you will be safe in your land. It was the big estates which
were the ruin of Rome, not to mention every other empire. The
US Civil War was fought to prevent Abraham Lincoln from
applying the Bible to The USA.

Now here we have the basic concept, the foundation

of all justice in human relations: Lev. 25:23 *The land shall not be sold for ever: for the land is mine; for ye are strangers and sojourners with me.* THE LAND BELONGS TO GOD. It cannot be casually bought and sold like other forms of property, even buildings. The Baal system used by Omri and Ahab, the landlord system, treats land as a commodity and ignores the year of Jubilee.

These passages give us an understanding of the basic system that is understood in the Bible to be God's justice, the basic law of God's kingdom. To seek first God's justice and his kingdom requires us to find out what we can do (if we live in a democracy) to change our existing economic system into a just system so that every person will benefit and be truly free.

Let us look now at situations that are not covered by the passages we have read as well as other questions that were raised earlier.

As Jesus spoke about seeking first the Kingdom of God and His justice (Matthew 6:33), his listeners were familiar with the Old Testament demands for *tsedeq* (justice) and a fair society, the "Government of God," based on God's *tsedeq*.

The Greek word *basileia*, is correctly translated *nara* in Korean, referring to any group of people sharing their land and their culture, without regard to defining the type of government. The Bible, however, clearly defines the economic system which God demands and which is the precondition of calling it "God's country." This system pre-dates the kingship by at least 200 years.

Detailed regulations are found in the Bible in Leviticus and Deuteronomy, with many comments from the prophets based on these key passages. We will look at a few of the more than 1,200 verses. We have been looking at Leviticus 25, which provides the economic basis for a just society. This passage deals with the matter of poverty. The prophet Micah placed, after "do justice," "love mercy." Mercy is what is needed when anyone falls into poverty even though a just system is in use. Lev. 25:35-36 *And if thy brother be waxen poor, and fallen in decay with thee; then thou shalt relieve him: yea, though he be a stranger, or a sojourner; that he may live with thee. Take thou no usury of him, or increase: but fear thy God.* Deuteronomy 24:15: *At his day thou shalt give him* [if he has lost his land and has to go to work for you for wages] *his hire, neither shall the sun go down upon it; for he is poor, and setteth his heart upon it: lest he cry against thee unto the LORD, and it be sin unto thee.*

There are important laws against taking interest, the other key (with landlordism) to our "modern" economic system. A little thought will make it clear that setting up credit unions or credit cooperatives can meet the need for loans without going against God's laws or putting ourselves at the mercy of powerful financial institutions. Taking interest is seen by the Bible to be unjust. Community Land Trusts, in the same way today, are used to make it possible for people to solve the land problem locally, without waiting for the nation to adopt the land value tax, which is the modern application (used most consistently in Taiwan) of these Biblical principles of economics.

Another important point mentioned is the matter of weights and measures: Lev. 19:36 *Just balances, just weights, a just ephah, and a just hin, shall ye have: I am the LORD your God which brought you out of the land of Egypt.* Standard weights and measures are a mark of liberty! Inflation destroys freedom.

Deu. 25:15 *But thou shalt have a perfect and just weight, a perfect and a just measure shall you have: that their days may be lengthened in the land which the LORD thy God giveth thee.* In our modern society we are very careful about weights and measures such as the kilogram, the meter, the liter etc., but we do not apply this principle to money. The result is that money keeps losing its value. A kilogram of gold keeps going up in price, a liter of milk costs more now than it did a year ago, and a day's pay today is not what it was even a few years ago, much less in our forefathers' time. This is theft. Justice and injustice deal very largely with the eighth Commandment. As we think of Israel's history we realize that the Baal system taught by Omri and Ahab was in violation of two commandments: the first (our relationship to God) and the eighth, our economic relationships to one another. In the modern world, the breaking of each of the commandments has been legalized in some way. We live in an unjust society. Young people do not have to care for their parents, abortion (a special form of murder) is legal and even forced on the people in some countries and overlooked by the judges in others. Divorce and remarriage laws legalize adultery, and the economists proclaim loudly that covetousness (greed) is the basis of economics. False swearing is still illegal but the laws of evidence have become so complicated that a poor man cannot afford to go to law. The prophet Micah deals with these issues: Micah 6:10, *Are there yet the treasures of wickedness in the house of the wicked, and the scant measure that is abominable?*

The modern world prides itself on accurate weights and measures, but the system is completely undermined by dishonesty in the fiscal (banking and monetary) system. Both banks and governments create money out of nothing and pass it off as something of value. The International Monetary Fund (IMF) is the ring-leader, today, and has tremendous power. In every nation the value of the money keeps falling and the working man is unable to live-on the same amount as his father did. Wages go up to "meet inflation," but they never succeed. Real wages continue to fall until a crisis arises and blood is shed in efforts to restore justice. Between the crises, the number of those suffering from the "scant" measure increases steadily. Micah continues: 6:11-12 *Shall I count them pure with the wicked balances, and with the bag of deceitful weights? For the rich men thereof are full of violence, and the inhabitants thereof have spoken lies, and their tongue is deceitful in their mouth.* The economist of the last century, Henry George, whose principles underlie the Taiwanese system, showed how the Biblical system would be practical in the modern world. Many "Georgists" favor a return to the Biblical land system but naively overlook the fact that as long as the rich men can get sound economic teaching ignored, they are happy. If the teaching really begins to take hold and threaten their system, their innate violence will come to the surface. "Hear ye the rod" (Micah 6:9) refers to the "argument of the stick" If lies don't work, they will shed blood. Wars are not fought over sex, wars are not fought over ideas, wars are not fought over race, wars are fought over land The rich men of the West who covet the land of Russia are not going to sit quietly by and let a handful of Georgists get away with establishing justice in Russia. They will find ways to stir up violence and put into power those who will divide the land with them. Russia is headed to be another Ireland. Land is the issue. Land is the only issue. And land, is what the rich men are after and is why they are full of violence. The argument of the stick strikes the other way, too. Sun Yat Sen failed to convince China to adopt the Biblical system, but Chiang Kai Shek had a big enough stick to make it go in Taiwan. Today, Taiwan is the richest nation in the world (there are nations with more wealth, but they are all heavily in debt. Taiwan is owed by everybody and owes nobody).

Apart from force, a just system cannot be established—

unless we turn to the supernatural power of God, who changes men. We need Spirit-filled economists to go to Russia, now! Micah refers to Omri and Ahab in 6:15-16 *Thou shalt tread the olives, but thou shalt not anoint thee with oil; and sweet wine, but shalt not drink wine. For the statutes of Omri are kept, and all the works of the house of Ahab, and ye walk in their counsels; that I should make thee a desolation...* The struggle between *the statutes* of Omri and the teaching of the Bible has had an impact right down to modern times. Omri's ally, Ahab's father-in-law, Ethbaal, exported the Baal system to North Africa to found the Carthaginian Empire. The Romans adopted the system when they won their war against the Carthaginians. When the Roman Empire "went Christian," but continued to keep the statutes of Omri and all the works of the house of Ahab, the church failed to correct it but, rather, joined in this wickedness. God raised up Mohammed, with the cry, "The land belongs to Allah," (compare to Leviticus 25:23) The church did not repent. Islam is, today, more of a threat to Christianity than communism. Rome flourished until the death of the emperor Basil II, 1,000 years after Jesus died on the cross for justice. During most of this time Rome claimed to be a "Christian" nation. In the end, God did to Rome what he did to Israel, sent against them Turks and Arabs to wipe out such a travesty of "Godliness." The church did not repent, but shed blood for four centuries trying to get back the land they had lost to the Mohammedans. Is it any wonder it is hard to send missionaries to Mohammedans to tell them that God loves them?

Justice refuses to accept bribes. This applies to officials who are charged with executing justice as well as judges who are charged with condemning and punishing injustice. Exodus 23:8 *And thou shalt take no gift: for the gift blindeth the wise, and perverteth the words of the just.* The temptation to bribery is less when decisions are made locally, where everybody knows everybody else. The more we depend upon central government the more danger there is of injustice. Deuteronomy 16:18-19, *Judges and officers shalt thou make thee in all thy gates... they shall judge the people with just judgment. Local government is to be standard, not central government. Each town is to have administrators and judges. Thou shalt not wrest judgment; thou shalt not respect persons, neither take a gift: for a gift doth blind the eyes of the wise, and pervert the words of the just.*

4. Speaking Out

Justice is the primary task of the Christian ("seek ye FIRST...") What do we do when we live in an unjust society and do not have the political or economic power to bring about justice? The Bible answers this question clearly: We shout! We shout to men and we shout to God. Proclaim justice and be an intercessor. Psalm 71:15, *My mouth shall shew forth thy justice and thy salvation all the day.* We can tell people what justice is, all day long. Psalm 71:16, ... *I will make mention of thy justice... only.* This is what we are to be talking about: God's system only. Talking about God's justice all day, every day, just harping on the subject: If the church were to harp on God's justice all day, every day, people would catch on and do something about it! As it is, the church is silent and nobody even knows that there is a plan for justice, much less what it is. Why?

Psalm 72 describes justice for us quite clearly: going to bat for the poor, the needy, the oppressed. This begins with enforcing the land laws. A book came out last year entitled "The Road to Damascus; *Kairos* and Conversion," put together by representatives of seven "developing" or "underdeveloped" countries. Their main point is that if you are not actively struggling for justice you are siding with the oppressors. There is no neutral ground when the struggle is between the very powerful and the very weak. A church that keeps silence is siding with the oppressors. Missionaries have thought they were proclaiming good news to the poor ever since the rise of the modern missionary movement. Nevertheless, they get things in the wrong order. Of the three things God expects of us, the first is to do justly. The Christian nations and the hireling clergy have covered up their refusals to do justly by spending money on "mercy" missions of all sorts. If they had done justly, nine out of ten of these mercy missions would have been unnecessary. God hates this hypocrisy. On the other hand, there are nations such as Taiwan and Hong Kong who have done justly but because they do not know God, there are many people who never cease trying to subvert justice. In the case of Hong Kong 2/3 of what used to be revenue for the people now goes into private pockets. There are no prophets to expose them. Taiwan, with only 50 years, is better than Hong Kong with 150. Taiwan and

Hong Kong are Old Testament systems. The New Testament tells the poor of a still better system, that no amount of corrupt government can destroy, It is called *koinonia*, but the word is translated 17 to 23 different ways so is not clear. Jesus said he did not come to abolish the law and the prophets, but to fulfill them, saying that the oppressed would "inherit the land," (that is, receive it as their right, not have to pay for it) and that he had come to proclaim the Year of the Lord (that is, the year of Jubilee, when all land is returned to its rightful owners and no one—not even the alien—is left out). As far as the land owners were concerned, he had signed his death warrant. Jesus was not executed for healing the sick or for comforting the sorrowful or for telling people to be nice. He was executed for talking about Old Testament justice and for getting too big a following among the landless poor.

Isaiah complains that no one is proclaiming publicly that God is a god of justice: Isaiah 41:26 ...*we may say, 'He is just?' yea, there is none that shews, yea, there is none that declares, yea, there is none that hears your words.* This is a worldwide problem today. The church does not call for justice, except for a few "liberals," who do not know that "justice" is the right to land. Thank God, there are "Georgists" calling for justice and emphasizing land. Isaiah also points out that intercession is part of God's answer. Talking about God's justice all day long is not easy or safe. The prophet Micah was filled with the power of the Holy Spirit, but the purpose was in order publicly to condemn an unjust society: Micah 3:8 *Truly I am full of power by the spirit of the LORD... to declare unto Jacob his transgression, and to Israel his sin.* Micah deals with bribes: Micah 3:11 *The heads thereof judge for reward, and the priests thereof teach for hire, and the prophets thereof divine for money.* This is a basic problem in Christianity: "The priests... teach for hire." This is now the accepted system and few can imagine any other system, yet it cannot but lead to corruption, to failure in championing the poor. "The Gospel" is good news for the poor. The Bible makes it clear that good news for the poor is the primary task of the church, not an afterthought. When we pay salaries to the clergy they tend to veer away from the poor to those who are able to finance their programs. But we are to work for a society governed by Christ. That is why he sent the Holy Spirit: so that we could get his orders and have the power to-carry them out. Isaiah 11:4 *But with justice shall he judge the weak, and reprove with equity for the poor and oppressed of the earth.* This is about Jesus when he comes to be the King, but also for all governments: justice for the poor and helpless. Isaiah 32:17 *The work of justice shall be peace; and the effect of justice quietness and assurance for ever.* Peace, quietness, and assurance come from justice. The Holy Spirit can give us *koinonia* among ourselves and wisdom to find the most workable techniques of applying.

Spiritual Warfare and the IMF

Korean version published in *Reunification Magazine (Tongil Nondan)*, 1993, Seoul, Korea

As we Christians pray and prepare for reunification, we have to try to understand whether the Bible principles for practical life have a bearing on modern day practical life. I have already discussed the matter of land, and my conviction that a Biblically based policy with regard to land would be an important contribution that Christians can bring to the discussion and one which would be enthusiastically welcomed by the rank-and-file North Koreans.

Since I wrote that article, some very interesting developments have taken place in Russia. A team of "Georgist" economists, including one of our own Georgists from Korea, have spent many months introducing their essentially Biblical program to key parliamentarians, economists, tax specialists, and city mayors. They have had some of the best experts on taxation, land assessment, and related technical problems come to Russia for seminars. The seminars have been enthusiastically received by the officials and economists who have been involved. Although there was a receptive spirit in the top parliamentary circles, the team could never get right through to Yeltsin. (They made no attempt to influence the Orthodox Church or the new evangelical churches.)

There was a meeting in Moscow of the mayors of the 100 largest cities in Russia and the Georgists were given time to present their proposals, which were well received. The mayors published a sort of manifesto, at the end of their meeting, with regard to land value taxation as the proper solution for Russia's land problem. In spite, however, of all the enthusiasm they met with among the Russians, the Georgists could never get anyone connected with the World Bank or the International Monetary Fund to agree with them.

One member of the team, an economist at Virginia Polytechnic Institute, was given a chance to hold a seminar in Washington for a sub-committee of the IMF. He reported that he could never get them to look right at him. They all avoided his eyes and, though they had no evidence to back their claim, insisted that land value taxation would not work. They spoke of a situation in South America, where foreign aid was abused and a proposed land value taxation scheme was spoiled by political corruption, as if the real problem had been the land taxation scheme, itself. This was all the justification they could offer for their continuing opposition to land value taxation.

In the meantime, Yeltsin was talking about a "free market in land." This is what the Western powers want. They want to buy up Russian land, cheap, before the Russians understand what it is worth, and while they are in economically desperate straits. Then, as absentee landlords, they can control the Russian economy and milk it for their own profit. They have been insisting that no foreign investment can be expected unless land is sold. This claim flies in the face of reality, since the country with the most foreign investment and with one of the healthiest economies in the world, Hong Kong, has never sold one *pyong** of land! It is all leased, according to Biblical principles!

The members of our Georgist team were jubilant over the progress they were making and the warm reception they were receiving when, suddenly, Yeltsin dissolved the parliament, called out the tanks, burned the White House, and fired all the mayors! Everyone who approved of our Biblical economics was suddenly without a shred of power. What will happen in the elections, of course, we do not know. It is my own opinion that Yeltsin is a tool of the IMF, the World Bank, and the Western powers who intend to colonize Russia. I told my friends, at the beginning, that they were dealing with some of the world's most powerful supernatural forces and that only in the power of the Holy Spirit and of prayer, could they hope to

---

*A Korean measurement of area equivalent to 36 square feet.

succeed. But they are all nice, naive humanists who keep be-
lieving–or at least hoping–that logic will win out in the end.

What does all this mean for us, here in Korea? We,
too, face not only a logical battle for the minds of our breth-
ren in the North, we also have to take into account the "logic
of the stick" that is the IMF's last resort, and meet this with
the ultimate logic–which, to the world, is illogic–of prayer and
spiritual warfare. More than ever, I have become convinced
that only prayer will win the reunification struggle and that
we must be "on praying ground." That means, repenting and
cleaning up our own act before we try to clean up someone
else's act!

May I offer a homework assignment? Read Leviticus
25 again and ask yourself, "Can the Bible laws about interest
be applied today? If so, how?" I hope to deal with that next
time.

God and Caesar

Render to Caesar

Korean version published in the series, "Letters from a Mountain Valley" Shinangye magazine, May 1999.

Dear Father Torrey:

I am a teacher of law and have only recently become a Christian. I really want to do God's will, but I am puzzled about some of the teaching in the Bible. At the same time I am not able to get help from the clergy whom I know. They seem unwilling to deal with social problems even though there is so much teaching in the Bible about social problems.

I was pleased to meet you on my brief visit to Jesus Abbey, but I doubt if you remember me, as we were only briefly introduced and did not have any opportunity to talk. I had some business with someone else and sat the table with that other person and missed the chance to talk over the lunch-table. But my friend said that, if I would write you, you would probably give me a thoughtful answer.

Therefore I am writing to ask you how are Christians supposed to interpret or apply Jesus' teachings about "Render to Caesar the things that are Caesar's and to God the things that are God's?" How do we know the difference?

When there are both good laws and bad laws, do we keep them all? How do we look on the system, on the matter of authority? What if there is no liberty and no respect for human rights?

If I am doing God's work (as I see it), if I am doing a good work with a good purpose or goal, how can I promote a goal using defective methods? Can you use a method which, in itself, is contrary to God's will, to promote God's will being done?

I look forward to hearing from you,
Sincerely yours,
Chu Hoo-nam

Dear Mr. Chu:

I'm sorry it has taken me so long to answer your questions. Things have been rather overwhelming around here! We all look and act like "workaholics" because there is so much to be done and so few long-term people to do it.

Your first question was about Jesus' statement in Matthew 22:17-21 and Luke 20: 22-25, "Render to Caesar the things that are Caesar's and to God the things that are God's." To deal with this we have to think of the context of Jesus' time, the time this teaching was given. At that time there were two parties in the country. One party accepted the Roman (Caesar's) government and insisted that it must be obeyed in all things, including paying whatever taxes it levied. The other party was bitterly opposed to paying taxes to the Romans. The question was originally asked, not in any sincere desire to know the truth, but in order to get Jesus hung up on a dilemma. Jesus, of course, knew what they were thinking and he gave an answer that left both parties in a predicament: what belonged to Caesar and what belonged to God? Since the tax money had Caesar's face on it, then it must be Caesar's! They were enjoying certain benefits from Caesar, then they must pay him what they owed him for those benefits.

The real questions are: what belongs to Caesar and are all taxes just alike? The other side of the coin is: what belongs to God? The Bible quotes God as saying "All souls are mine." (Ezekiel 18:4) This is the basis for our understanding of human rights, something I will deal with after I have discussed the political and economic issues. In Psalm 50 God tells us that all the birds and animals are his, which means that our "dominion" over them is as stewards of God and we must be careful to deal with them according to God's will. Leviticus 25 clearly teaches that the land belongs to God and that it is loaned to the people on an equal basis (as in the land reform of 1950-1953 in Korea) and that if anyone uses someone else's land he must pay the original owner the equivalent of the worth of the land, figured according to the potential production from the land from the time of purchase until the year of freedom (the 50th year after the land distribution, when the land must go back, free, to the original owner). In most modern economies, this is referred to as a "land value tax," although it is not really a tax but a rent or lease-payment. This is God's and God requires that it be paid to the original owner of the land. If the person using the land pays the full rental value every year, the purpose of the 50th year redistribution is fulfilled. It is as if each year is treated as the year before the jubilee, or as if every year were a jubilee and the owner is letting it out again.

There are other taxes which are levied in order to pay for the services that the government provides to the citizens. It has been discovered that when the original owners of the land cannot be traced or when there never has been a land reform, the payment of the land rent to the government can cover all the expenses of government and other taxes become unnecessary. A very large proportion of the cost of government in many countries is the cost of collecting all the numerous taxes that are levied in an effort to provide the government with operating funds and social welfare funds. When the only tax is the rental of land the cost of government goes down by 30% or so.

Most modern governments try to provide the social services that, under traditional customs, are provided by the extended family. This becomes a high percentage of the cost of government. If there are no taxes, the family system has an increased income and is well able to provide the social services with no overhead for administrative costs. When the government provides social services, the overhead may come to more than the actual benefits, doubling the cost to the community. When the family or local community provides these services the cost is just what the benefits are. The little bit of overhead is absorbed by volunteers.

Are social services Caesar's or God's? Are taxes Caesar's or God's? The Bible shows that the early prophets advocated all government services being provided by the local community. In case of war, an emergency call-up would meet the need and when the emergency was over the army would be disbanded and the men would return to their homes and their personal businesses. The prophets predicted that if the people insisted on having a king, that is, a central government, there would also be a standing army and the costs of maintaining both the standing army and the government would become greater and greater and all kinds of taxes would be levied to meet these expenses.

In the end, the people disregarded the prophets' warnings and demanded a central government. Eventually, they also lost their lands and the big landlords not only paid no rent but did not return the land in the year of jubilee. The landlords became the power behind the government, becoming richer and richer while the masses of the people became poorer and poorer. In Kenya there is a saying that Kenya has 20 millionaires and 20 million people in poverty. Most countries that reject God's laws end up in that situation, sooner or later. The greatest empire of history, the Roman Empire, ended up in that situation and fell apart.

There are modern governments which derive a large portion of their income from land rents and are very stable and also are able to provide the social services that people have come to expect. Sometimes their very success arouses greed. Sometimes their failure to provide a basis for extravagant fortunes to be made without work, frustrates some elements of the population which then mount a political campaign to change the rules. This is what happened in Israel in ancient times, what happened in Denmark in modern times, and is now happening in Hong Kong.

God summarizes his demands for those who accept his authority as, first of all, justice, then compassion and, finally, "walking humbly with God." (Micah 6:8) Other passages stress love for God and love for one's neighbor and obedience to God. The love for one's neighbor is not a vague sentiment or a limited list of social services. What God demands is that I treat my neighbor exactly as I treat myself.

Now let us come to your next question: when there are both good laws and bad laws must we keep them all? In the twentieth century we have heard a great deal about civil disobedience. People protested against bad laws by publicly announcing their decision not to obey and to accept the consequences of their disobedience. Many were jailed or otherwise dealt with by the governments involved, but the net result was, generally, a changing of the laws. "We must obey God rather than man" (Acts 5:29) is the Scriptural basis for this. This means that Christians must do all in their power to get evil laws changed. Christians in government must use their political power. Ordinary citizens must try to mobilize public opinion. When the government is a dictatorship, public protests may be the appropriate means.

In Bible times these public protests were sometimes very dramatic. Isaiah was ordered by God to walk around naked for 3 years. (Isaiah 20). Ezekiel was ordered to lie motionless for 390 days on his left side and for 40 days on his right side (Ezekekiel 4). Another time, Ezekiel was warned that his wife would die suddenly and that he was to exhibit no signs of grief or mourning (Ezekiel 24). There was nothing politically dangerous about this but it was heart-wrenching for the prophet and dramatically underlined the fact that before long Judah would be destroyed in war and there would be so many deaths that no one would have any strength left to grieve and that the normal signs of mourning would become meaningless. Bear in mind that these exceedingly dramatic protests were specifically ordered by God. We must ask for the guidance of the Holy Spirit in order to know what form our protest should take.

What sort of things are we to protest? Injustice, exploitation of the poor or of the helpless, violations of human rights. I might point out that the expression "human rights" is not found in the Bible and that the United Nations list of Human Rights omits the one right that the Bible emphasizes—the right to land. If this right were enforced then the rest of the list would follow automatically. Without the right to land, the list becomes a list of the rights of slaves. Those who have no land have no freedom. They are at the mercy of the landlords or whomever they can persuade to give them a job to keep them alive.

The Bible specifically forbids discrimination against foreigners and aliens as well as the homeless. Such people are to be provided with land so that they may build houses and start businesses or productive enterprises and be able to support themselves. In most countries today, which call themselves "democracies," the real power is not with the people or the voters, but with the landlords. Often no one even knows who they are, as they are carefully concealed behind the ones with apparent power whom they are manipulating.

Your next question had to do with doing a good work, or promoting a good goal by the use of defective means, means which are, or seem to be, contrary to God's will. Can you use such a defective means in order to do God's will? We must first define what we mean by "defective" methods. There is a sense in which there are almost no perfect methods. All our tools are limited in their effectiveness. What I have to ask myself is which tool is the best tool available to me for doing God's work?

What if someone offers me a tool that would seem to be the most effective, but is something God has forbidden? I must remember that there is always a reason for God forbidding things. I must ask myself whether I understand what is evil about this method of working? If it really is evil, then I have to remember the Apostle Paul's remarks in Romans 3:8, "Why not say 'Let us do evil that good may come?'–as we are slanderously reported and as some affirm that we say. Their condemnation is just." Another way of expressing this is to say that "the end justifies the means." This is a widespread attitude, but it is not one the Christian can adopt. We must find some means which are appropriate to the end and which will forward God's purposes even if it is not completely successful.

This brings us to the point where we must ask: what do I do if there is no legitimate method available to me? What if, when I examine all the legitimate techniques which I might try to apply, there is nothing that will work? Do I just give up? Do I just stop struggling for justice? This is where the Christian has a means at his disposal about which the non-Christian knows nothing: prayer and God's miracle-working power.

As we read through the Bible we find that many of the most intractable problems were solved by miracles. God, himself, intervened, and he did so in answer to prayer. Jesus promised that "where two or three are gathered together in my name, there am I in the midst of them." When all else fails, we must not give up, but we must find two or three others who are committed to doing God's will, to struggling for justice and for God's government. We must gather with these and pray. When we meet, we may also make a point of studying the Bible in order to get a clearer understanding of what God's will is, but the main point of such a gathering is to cry out to God for his intervention.

There are many Christians who think that "action" is all that matters and that prayer is a waste of time, but history tells us that some of the most dramatic victories were won by intercessory prayer. The price of intercession is not cheap. Moses, on one occasion, told God that if he did not intend to save the people but was going to punish them for their sin and stubbornness by allowing them to be wiped out, then to wipe Moses out with them. God had offered Moses the chance to be the founder of a new nation and to bless Moses and his descendants. Moses refused to accept the offer, but offered, instead, to die with his people. The record tells us that God changed his mind! (Exodus 32:1-14)

You stated in your letter that many pastors ignore social problems. There are several reasons for this. Perhaps the most basic reason is the problem of an incorrect translation of Matthew 6:33. The correct translation is "First of all struggle for God's government and his justice," but it is more often translated "Seek ye first the Kingdom of God and his good behavior," and is interpreted as "Be concerned to get into heaven and to be good." This interpretation was advocated by the most popular theologian of all time, Augustine of Hippo. I think the reason for his popularity was his escapist theology. He took the position that the world is evil and that nothing can be done about it and that Christians should only concern themselves with good behavior and "spiritual" matters.

This Buddhist-type thinking has always been popular because it is not personally dangerous and involves a minimum of struggle and hardship. Augustine was a Roman landowner but made no effort to use his influence and power to solve the social problems of his day. If he had been like Count Leo Tolstoy, who divided his estates among his serfs and lived a simple life, struggling for justice to the end of his days, the history of the world might have been different. Because Augustine did not criticize the evil Roman system, the landless natives of North Africa finally rose up against his countrymen and his class and destroyed the whole system, adopting Islam in its place. The bitter enmity between Islam and Christianity which is a source of much bloodshed, even today, goes back to that time.

Eventually, such a theology is dangerous to others. It has led not only to the rise of Islam but also to Communism and, today, to all kinds of systems and philosophies, rejecting Jesus, his teachings, his work on the cross, and his resurrection from the dead. Let us insist on the correct translation of Matthew 6:33 as well as a correct interpretation of the whole Bible and its many teachings with regard to justice and God's government.

God's solution to these problems is to be found in the word *koinonia*, which means "sharing" (it cannot be adequately translated but this comes close). Christians are to share their problems, whether material, practical, intellectual, or spiritual, and meet together to pray for wisdom and to help each other find clean solutions. Since our church does not fulfill this role, it is up to Christians in the business, legal, or political world, to seek each other out and to form networks for mutual advice and assistance. These should not be publicized as they will arouse the antagonism of the crooked businessmen, functionaries, and politicians, and also of the leadership of a church that has settled for compromise and has sold its conscience for comfort and short term security. I hope you can make such a network.

Sincerely yours,
Dae Ch'on-dok

God and Caesar

Korean version published in the series, "Letters from a Mountain Valley" Shinangye magazine, February 1998.

Dear Father Dae:

Many of us are proud that our country is able to put on a fairly clean election. So many nations have dictatorial governments and so many nations have governments elected by a corrupt system of politics that does not really represent the people, that is only an imitation of democracy, that we are grateful to God that our country has a considerable measure of functioning democracy. But some questions come to mind. We wonder how it all looks to God, himself? The majority of our people are not Christians, so democratic elections may put non-Christians in office and create a system that is not necessarily godly. We may have a Christian president, and yet we may not agree on what a Christian system is and we may have a National Assembly that is dominated by non-Christians.

When we try to find some sort of a lead in the Bible,

the first reference that comes to mind is "Render to Caesar the things that are Caesar's and to God the things that are God's." Caesar was, obviously, not a Christian, and he was a powerful dictator. But what are "the things of Caesar?" What did Jesus mean by this? What is the proper attitude of the Christian towards the government? Is it different when the government is Christian and when it is not? In fact, what is meant by a "Christian" government?

Sincerely yours,
Cho Chu-kwan

Dear Brother Cho:

Thank you for your letter. I assume that you do not want me to deal with the recent election but rather with the basic principles that the Bible teaches us about politics and government. I have been keenly interested in this problem for many years and have changed my mind about it a number of times. I find that the concepts I learned in American schools and took for granted as correct are not necessarily correct at all. The theological courses I studied avoided coming to grips with these issues. Different professors had different ideas. Looking back, now, I think they were mostly influenced by the American culture and by the sub-cultures in which they had grown up, rather than by the Bible. After all, the Bible deals with a Moses, with judges, with kings, and with Caesars, among various forms of government, none of which seem to be at all relevant to our modern world. I am sure that it never crossed the mind of any of my theological professors that the Bible might give a solution to political questions.

For myself, over the years, I have come more and more to the conclusion that God is concerned with everything and that He has given us clues in the Bible about everything and that we can find the principles we need in order to solve any of our problems, in the Bible. But when I get specific and start looking for the answers to particular problems I often find myself confused and puzzled! Then I have to go back and ask myself: is this something God wants me to have an answer for? Am I asking the wrong questions? There are some subjects that I have come to the conclusion are, from God's point of view, none of our business. God's concern for justice, however, comes through so strongly in the Bible that I know it is our business. The problem is: how do we bring about justice? Certainly, it has a lot to do with what kind of government we have. Is there a Biblical way of establishing a just government?

In the Bible God says, over and over, that he is the God of the poor, of the stranger, of the widow and of the orphan and that he will bless those who execute justice on behalf of such people. It only takes a moment's thought to realize that this raises questions about "democracy." In some countries, the poor are a vast majority and a democratic movement would, presumably, benefit the poor. In other countries, there is a big "middle class" that is living comfortably and is prosperous and a democratic government would bring about policies that benefit the middle class and might very likely permit policies that allow exploitation of the poor. In such a case, democracy would not be God's will, would it? In some countries a powerful landlord class controls everything, including the media and the educational institutions, as well as the government, and these powerful people are able to persuade people to vote against their own interests and to create a semblance of "democracy" that actually permits ruthless exploitation of the poor.

In China, there has been a "pro-democracy movement" which their government looks upon as a dangerous threat to its authority. This starts us thinking about some of the other Scripture passages which deal with government. Let us look, for instance, at Romans 13:1-3 with a Communist government in mind: *Let every person be in subjection to the governing authorities. For there is no authority except from God, and those which exist are established by God. Therefore he who resists authority has opposed the ordinance of God; and they who have opposed will receive condemnation upon themselves. For rulers are not a cause of fear for good behavior, but for evil. Do you want to have no fear of authority? Do what is good, and you will have praise from the same.*

This statement is in complete contradiction to the popular thinking that is current in countries which claim to be "democratic." When did the modern widespread concern for democracy rise? Basically, there are two different ideas about democracy and both of them originated in the 18th Century and have now come down to us. One was the ideal of the French Revolution, which was humanistic, and one was the ideal of the American Revolution, which was theistic. The French did not care about God. They believed that man, was the most important thing on the planet and that a democratic revolution would put man in control of his own destiny and that this would be good. They assumed that man is essentially good and would naturally vote for what is good if given the freedom to do so.

The American Revolution, on the other hand, was dominated by a theistic mentality that believed that, since practically all the population of America had come to the New World seeking religious freedom, if those people were given a chance to vote they would be guided by the teachings of "religion" and create a Godly government. This mentality was much like that of the Old Testament, assuming that God is in charge and that the government must be according to His will. Having suffered much oppression of the kind condemned by the Old Testament prophets, the early American leaders assumed that a democratic system would prevent oppression and would bring about justice according to the will of God. "In God We Trust (not "Christ")" became the motto of the American society.

In America, today, however, European humanism has

become the dominant mental pattern, especially in the educational institutions. The American culture has only a brief history, and the more one studies the roots of American society the more one is exposed to the European culture which is many centuries older. As a result, the humanistic idea that man is basically good and that democracy will bring about justice because man wants what is good and knows what is good (apart from the Bible) has now become the dominant concept. It is this concept that has spread to the non-Christian world and makes the concept of "democracy" popular. It is this that dominates the "pro-democracy" movement in China, even though the communist movement is also a product of the humanistic thinking of the 18th Century. The ironic thing about Communism is that it is based on the Biblical concept of justice for the poor, but rejects God because so often the exploiters of the poor have claimed to be believers in God!

Now, if the concept of "democracy" is based on humanism, which is a false god, is it any better than Communism's false god, Karl Marx? Is one false god better than another? Does Romans 13:1 tell us how to deal with a Communist government? Did any of the prophets tell the people to resist the idolatrous governments, such as Babylon? The prophets told the people of God that it was their wrongdoing that had moved God to install the idolatrous and oppressive government. For example, the prophet Jeremiah devoted much of his prophecy to the matter of Babylon. There are approximately 150 direct references to Babylon in the book of Jeremiah. One example is Jeremiah 20:4, which reads *I shall give over all Judah to the hand of the king of Babylon, and he will carry them away as exiles to Babylon and will slay them with the sword.* In the next chapter we read that Zedekiah, the king of Judah, asked for God's word about Babylon: (Jeremiah 21:1-9)

> The word which came to Jeremiah from the LORD when King Zedekiah sent to him Pashhur the son of Malchijah, and Zephaniah the priest, the son of Maaseiah, saying, "Please inquire of the LORD on our behalf, for Nebuchadnezzar king of Babylon is warring against us; perhaps the LORD will deal with us according to all His wonderful acts, so that *the enemy* will withdraw from us." Then Jeremiah said to them, "You shall say to Zedekiah as follows: 'Thus says the LORD God of Israel, "Behold, I am about to turn back the weapons of war which are in your hands, with which you are warring against the king of Babylon... Then afterwards," declares the LORD, "I will give over Zedekiah king of Judah and his servants and the people, even those who survive in this city from the pestilence, the sword and the famine, into the hand of Nebuchadnezzar king of Babylon, and into the hand of their foes and into the hand of those who seek their lives; and he will strike them down with the edge of the sword. He will not spare them nor have pity nor compassion."' You shall also say to this people, 'Thus says the LORD, "Behold, I set before you the way of life and the way of

death. He who dwells in this city will die by the sword and by famine and by pestilence; but he who goes out and falls away to the Chaldeans who are besieging you will live, and he will have his own life as booty.'"'"

Then he adds God's demand for a government that executes justice (verse 11-12):

"Then say to the household of the king of Judah, 'Hear the word of the Lord, O house of David, thus says the Lord:

"Administer justice every morning;
And deliver the person who has been robbed from the power of his oppressor,
That My wrath may not go forth like fire
And burn with none to extinguish it,
Because of the evil of their deeds.'" "

God makes it abundantly clear, through all his prophets, that his primary concern is not for nationalism or for democracy, but for justice to the poor and oppressed. Jeremiah made it clear that God's will for the people of Judah was to submit themselves to Babylon: (Jeremiah 29:4-7) "Thus says the Lord of hosts, the God of Israel, to all the exiles whom I have sent into exile from Jerusalem to Babylon, 'Build houses and live in them; and plant gardens, and eat their produce. Take wives and become the fathers of sons and daughters, and take wives for your sons and give your daughters to husbands, that they may bear sons and daughters; and multiply there and do not decrease. And seek the welfare of the city where I have sent you into exile, and pray to the Lord on its behalf; for in its welfare you will have welfare.'" This mentality was understood by Jeremiah's contemporaries as sedition, just as it would be understood by the pro-democracy elements in China, today. We need to realize that God's concern is not with the form of government, but with whether that government practices justice. When the very kings whom he had established as David's successors continued to permit all kinds of injustice and oppression, God turned against them and raised up an idolatrous foreign government to overthrow them and to rule over the nation for 70 years.

The Apostle Paul puts the matter in another context in Ephesians 6:12: *For our struggle is not against flesh and blood, but against the rulers, against the powers, against the world forces of this darkness, against the spiritual forces of wickedness in the heavenly places.* It is not the human government against which we have to struggle, it is the invisible forces of evil which we have to fight against, with spiritual weapons, with prayer, not with political agitation. He takes this same line, again, in Colossians 1:16: *For by Him all things were created, both in the heavens and on earth, visible and invisible, whether thrones or dominions or rulers or authorities—all things have been created by Him and for Him.* In this verse the apostle includes both political authorities and demonic authorities. They were created by God in order to fulfill his purposes. If we assume that trying to overthrow an "undemocratic" government is our duty we may find ourselves fighting against God! This point is emphasized again in Colossians 2:10: *and in Him you have been made complete, and He is the head over all rule and authority.* All rule and authority includes both what *we*, in the natural, see as just and what we see as unjust governments. God has his own timing and his own methods. He is the God of justice, but he has his own way of punishing evil-doers and rewarding the just. He is the head and he does not want us to usurp his authority.

The apostle Paul makes this point again in Titus 3:1-2: *Remind them to be subject to rulers, to authorities, to be obedient, to be ready for every good deed, to malign no one, to be uncontentious, gentle, showing every consideration for all men.* This does not mean that we cannot engage in political activity when the government calls for an election and allows freedom of speech. It does mean that we must not abuse our freedom of speech by maligning anyone or by being contentious. The Christian's political comments should be gentle and considerate. Actually, however, the Bible emphasizes the doing of the will of God rather than personalities. Our political system is built around personalities rather than policies. God is concerned with policies and actions. Look at Matthew 7:21: *Not everyone who says to Me, 'Lord, Lord,' will enter the kingdom of heaven; but he who does the will of My Father who is in heaven.* We may have politicians who call Jesus "Lord," but the real issue is whether they are doing what God wants done. If a non-Christian politician proposes to do the will of God we should vote for him as against a politician who calls himself Christian but is not concerned with doing the will of God.

Our concern must be with the practice of justice. Unfortunately, as I have pointed out elsewhere, our translators have translated the word *tsedeq* and its related words as *chongeui* in only two cases out of ten. In the other cases, the translation gives the impression that the word has to do with religion or personal courtesy rather than economics or politics.

Jesus' statement that we should "render to Caesar what is Caesar's and to God what is God's" was made in the context of a government that did not believe in God and was highly dictatorial. We have to ask ourselves, "What things are God's?" If we examine the Ten Commandments we will find very few things that will bring us into conflict with a non-Christian government. Even in the days of Babylon, the idol-worshipping rulers of Babylon generally allowed their people to worship their own Gods. It was only when some jealous government officials deliberately tried to destroy Daniel that a temporary edict was made which the Jews could not obey. We must always be prepared for this kind of thing to happen. The 20th Century is more like that period in the Old Testament than any century since the time of Christ. More Christians have been killed in the 20th Century than in the previous 19 centuries. We must be prepared to lay down our lives for our

Lord. But we must not be in trouble as "busybodies" (see 1 Peter 4:15). The apostle Paul, when his own government would not deal with him justly, appealed to Caesar. In the end, he lost his life, but he gained several years of almost complete freedom to proclaim the gospel in the capital, Rome, itself.

What do we mean by a "Christian" government? I presume we mean one of which God approves, one which is committed to doing the will of God as revealed in the Bible. When we start looking around for such governments, they are hard to find. With the popularity of "democracy" today there is no government that is not under a great deal of pressure from people whose interest is in exploiting the poor. Money and power are the dominant motives today, and both are forms of idolatry. A Godly government would be one that leased the land and would not allow it to be sold "in perpetuity," as is now done in most "capitalist" countries. A Godly government would protect the working people from being paid too little. It would provide land or some other way for the unemployed to go back to work and to support themselves. It would care for the widows and orphans and strangers. One wonders whether a nation that was friendly to strangers and provided them with a way to make a living would not be overrun with immigrants from all the unjust nations there are around the world? This is what happened to the United States and the Americans recognized that the most valuable resource in the world is people. As long as the United States was welcoming to strangers it prospered and developed. Today there is a new attitude developing and the prosperity is fading. A Godly nation would not allow people to be exploited with high interest rates, but would encourage credit co-ops and credit unions of various kinds or other ways of providing people with credit for starting businesses or building homes. This is all clear Biblical teaching. It is practical and brings prosperity and minimizes the gap between the rich and the poor, but it is hard to find any nation that is guided by these principles.

Most of the nations of Europe once had a state church and considered themselves "Christian" nations, yet during the 17th and 18th and 19th centuries they were going all over the world seizing power and exploiting the people of Africa and Asia. After the various wars against each other the technique was changed and today power is held almost invisibly, by financial controls. It is less bloody but extends the exploitation of the poor just the same. Let us pray for some true, Bible-guided, Godly governments to be established in our world. At the same time let us notice the many passages of scripture which predict a cruel and ruthless world government to come before the second coming of Christ, at the end of the age. Let us weigh carefully where our energy should go: how much to bringing about justice and how much to changing hearts and winning men to Christ. The Holy Spirit will give us wisdom to know if we are willing to obey.

Inflation and God's Laws

Korean version published in *Reunification Magazine (Tongil Nondan)*, 1994, Seoul, Korea

God has said: *Ye shall do no injustice in judgment, in meteyard, in weight, or in measure.* (Leviticus 19:35) *Thou shalt not have in thine house divers measures, a great and a small. But thou shalt have a perfect and just weight, a perfect and just measure shalt thou have: that thy days may be lengthened in the land which the LORD thy God giveth thee.* (Deuteronomy 25:14-15) *Divers weights, and divers measures, both of them are alike abomination to the LORD.* (Proverbs 20:10) (This means that inflation is an abomination to the Lord) *Ye shall have just balances, and a just ephah, and a just bath.* (Ezekiel 45:10-12) *The LORD's voice crieth unto the city... Are there yet the treasures of wickedness in the house of the wicked, and the scant measure that is abominable? Shall I count them pure with the wicked balances, and with the bag of deceitful weights?* (Micah 6:9-10)

The modern world prides itself on accurate and honest

weights and measures, but it is undermined by dishonesty in the fiscal (banking and monetary) system. Banks and governments create money out of nothing and pass it off as something of value. As a result, in every nation the value of the money keeps falling and the workingman is unable to live on the same amount as his father did. In the USA, when I was in my 20's, a day's work for a skilled laborer could support a family. Today, even at higher wage levels, husband and wife together can barely make enough to support the family. Wages go "up" to "meet inflation," but they never really do. Real wages continue to fall until a crisis arises and blood is shed in efforts to restore justice. Between crises, the number of those suffering from the "scant" measure increases steadily.

It is clear from the words of the Lord, spoken over a period of nearly a thousand years–through Moses as part of the basic law in Leviticus, again in the renewing of the covenant on the eve of entering the Promised Land, again by Solomon, again by Micah, and one more time, looking toward the future restoration of Israel under the Messiah, by Ezekiel–that God takes weights and measures seriously. Why? They are part of any system of justice. Inflation is injustice, an abomination before God.

What is it that brings about inflation? Banks and governments issue certificates saying that there is money on deposit, which can be paid to the bearer on demand when, in fact, there is no such money. They are lying. Our notes of exchange, our 1,000 won bills, 5,000 won bills, etc., with all the solemn paraphernalia of seals and signatures, are deliberate lies. How can we expect God to bless a nation that makes a business of swearing lies? Why do they do this? In the case of the bank, it is greed. In the case of the government, it is spending more money than it has. It borrows money and then has to steal some money from somewhere to pay its debts. It uses its authority to print money to steal a percentage from all the people. But this does not affect all the people equally. This affects those who live from hand to mouth, the poor. Each day what they earn is a little less than it was the day before. If they put money in savings, the loss to inflation may equal the gain in interest. When things really get disorganized, as in many countries around the world, such as Russia today, savings suddenly become worthless. A couple who live in a cold and harsh climate in order to earn some money by mining, and who plan to save up enough to move away in a few years, suddenly find their life savings wiped out by inflation. They are doomed to spend the rest of their life in a town they hate intensely. The government and the banks have robbed them of the reward of their labor and, for all practical purposes, have enslaved them. God tells us that he abhors this. Are we going to shrug our shoulders and let the banks and the government steal from all those who do not own jewels or land?

Are we going to get into the land-speculation business and steal from the rest of the country even more than the banks and the government is stealing? Many have chosen that road. Christians need to give these matters serious thought, prayer, and discussion, and find out what the Holy Spirit is saying. He has been around a long time and he knows the answers. Do we dare ask?

There are some values that do not really change: the number of hours of labor required to grow a crop of potatoes and the number of potatoes one person needs to eat to stay healthy. If people who live by their own labor on their own land will stay out of the market, they can maintain the same standard of living over a period of years. But if they have to sell their potatoes for less than it cost to grow them and buy rice for far more than they got for their potatoes, they are in trouble. On the other hand, in a country where there is no control of land values–that is, where the government fails to collect the rent for the national land–one can not only beat inflation but become richer and richer regardless of the degree of inflation. Those with power bid against each other for land and the price goes up and up. The rate of inflation may be 10% but the rate of increase in land "value" will be as much as 50% or 100% or even higher. That is why those who have invested in land to protect themselves from inflation will fight with all the energy and power at their disposal (and people with lots of land usually also have lots of power) to keep the government from imposing a land value tax or from collecting the rental value of that land. They do not like the teaching, "The land is mine, saith the Lord, it shall not be sold forever." The moment a prophet or preacher begins to talk like that they begin to find ways to ridicule or otherwise silence him, threatening his life, if necessary.

Interest

Korean version published in *Reunification Magazine (Tongil Nondan)*, 1994, Seoul, Korea

Dear friends, I hope you did your homework! Did you look up the laws about interest in Leviticus 25? If you did, you read that God's people may not charge interest on loans! This is exactly contrary to our present system, which is largely based on getting a return on capital through interest! What is the morality of this and what is the psychology or ethics behind what the Bible teaches? Is there a workable alternative to what we have been assuming is the only possible way to do business?

The Bible's basic concern is with exploitation of the poor. I have known Korean immigrants in the USA to borrow money from their fellow Koreans, since they had not been in the USA long enough to establish credit and had no property they could mortgage in order to borrow money from a bank. With the money they borrowed from a fellow Korean the people set up a dry-cleaning business. It went very well. They worked very hard and pleased their customers, giving excellent service. The business was successful. But the interest on their loan was so high that it ate up all their profits and they ended up bankrupt. This is clearly what the Bible seeks to avoid. If people need a loan to get started in business or farming, the loan must be given on terms that will not ruin them.

In the Middle Ages the Church decided to clarify this principle by distinguishing between "interest" and "usury." An artificial figure was adopted and any interest rate higher than this was referred to as "usury" and was outlawed as unethical. This concept is still widely accepted in the West. The fact remains, however, that the relatively low rates of interest charged by the banks are still high enough to do two things: they prevent the poorest people from getting loans, and they make it possible for people to get rich simply by lending money.

The Bible is concerned about both of these problems. God wants anybody who needs a bit of capital in order to get started in business or farming, to be able to get it at little or no cost. He doesn't want the interest to be a burden. God is also concerned with people making money without working. It is one thing for the people who work in a bank to earn a salary for their work. It is something else for the stockholders to get richer and richer without doing any work at all. In order to understand the ethics of money management, we must realize that God expects each person (unless he is handicapped in some way) to work for his living. Anyone who lives without working is a parasite, an oppressor of the poor. What some working man ought to be receiving as a return for his labor is being deducted and is going into the pocket of the man who is not working. This is exploitation. It is the same thing, morally speaking, as the man who buys up a group of farms and makes each farmer bring him a portion of the harvest. He gets richer and richer without working and the hard working farmers barely manage to exist in good times and may starve to death in bad times. We see this in its extreme form in many Southeast Asian countries, especially the ones that have the most productive soil and climates! All through history, it is the most productive countries that have the most poverty and starvation. The cold countries have relatively less of this problem.

Another principle mentioned in Leviticus 25 is the canceling of debts every seven years. If your debtor has not been able to repay the debt by the time of the sabbatical year, the debt must be cancelled. Only two instances of this are actually recorded in the Old Testament. One was the keeping of the jubilee year and its prior sabbatical year in Hezekiah's time, when the Assyrians were besieging Jerusalem. The other was the sabbatical year that was proclaimed by Zedekiah, when the Babylonians were besieging Jerusalem. Jeremiah predicted that the land would rest for 70 years to make up for the 70 sabbatical years that had been missed since the establishment of the Kingdom of Israel under Saul. Actually, the number of years that the land was totally idle seems to have been only 40 years, and I wonder if perhaps the failure to keep the sabbatical years actually only went back 280 years, which would be the time of Omri. (Micah 6:16). One reason we ought to read the books of the Maccabees, occasionally, is that they describe the reforms that took place shortly before the time of Christ, including the jubilee and sabbatical years.

The canceling of debts in the sabbatical year has nothing to do with business principles or an economic system. It is not part of what the Bible calls "justice." The low rate of interest can be referred to as "justice," but the total canceling of debts without either interest or return of the original amount of the loan comes under the heading of "mercy." See Micah 6:8.

Is there a way of modernizing these concepts? Is the setting of interest rates by the government the answer? I believe that what we need is a system of credit cooperatives or credit unions where money is loaned for exactly enough to run the cooperative and pay the salaries of the employees, with neither profit nor loss. I know of many examples in the USA of credit unions, and I know of one private bank that operates on exactly the same principle: no more interest than just barely enough to keep the operation afloat. People with capital to spare but with no project of their own to invest it in, should let the credit union use their money, accepting only as much return as will keep up with inflation.

If God's laws of justice (just enough interest to keep the credit union afloat) and mercy (canceling debts in the seventh year) are followed, we can be sure of a healthy economy with almost no poor people. Everybody will be encouraged to work for a living without even thinking of exploiting the neighbors. This is the kind of thing the Communists promised and failed to deliver. If we Christians will begin now to take these concepts seriously and to put them into practice, we will have an attractive and viable program to offer our brothers in the North. If we continue in our present greedy and exploitative policies, we will arouse anger, hatred, greed, and bitterness when we try to deal with the North. Let us pray for grace to shift over to a genuinely Christian economic system in dealing with money as well as with land.

Chapter 4

How we are to Live

The Christian Understanding Of Labor

Korean version published in Korean, in *The Way Magazine*, 1997.

There is a great deal of puzzlement among Christians with regard to what should be the Christian attitude toward work and especially dirty, dangerous, or disagreeable work or hard labor. How does God look on office jobs as compared with manual labor such as farming, construction work, and factory work?

Let us begin by rereading a few verses from Genesis where we have God's attitude toward work and towards Adam and Adam's work.

> 1:31 *And God saw all that he had made, and, see, it was very good...*
> 2:2 *...and God rested the seventh from all his work which he had done.*
> 2:3 *...He rested from all His work which God had created and made.*

2:19-20 ...[God] *brought them to the man to see what he would call them; and whatever the man called a living creature, that was its name. And the man gave names to all...*

3:17-19 ...*cursed is the ground because of you; in toil you shall eat of it all the days of your life Both thorns and thistles it shall grow for you... by the sweat of your face shall you eat bread.*

One can see from these verses that there is more than one kind of work. As a matter of fact the Hebrew language has at least eight different words for labor. One is simply to do anything. In Proverbs 21:25 we read about the slothful man who refuses to do anything. This is the word that is used in Genesis 2:3, God rested from what he did. The word for create is still another word. And where it speaks of the work God did the word means the results of what you have done, the produce of your work. This word *mela'kah* is never used of servile work.

We can see from these verses as well as many others in the Bible that God works and he created man in his own image to be busy with useful things to do, to do creative things, too. We see Adam naming all the animals. That is the kind of work that scientists do, today, and it is not all that easy and it is very time consuming.

The curse on Adam was that his soil would be unproductive and full of weeds. A by-product of this is that, to grow enough food to eat (and produce clothing and shelter, too) he would have to sweat. Since there are many places in the world where the soil is very rich and productive and where a minimum of labor can eliminate the weeds and bring useful plants into production, we realize that Adam's curse has not been extended to the rest of mankind. In fact, God gave the Israelites a land "flowing with milk and honey," the very opposite of what he gave Adam. The Israelites did not take as good care of the land as they should have and it lost much of its fertility. This happens a great deal in the modern world.

The problems that we encounter today are mostly derived from our own sin, not Adam's. We are so full of greed that we take away other people's land and force them to work for us and we make them work at hard and disagreeable (and dangerous and dirty) jobs at low pay and for long hours. This is exploitation of man by man and the Bible has a great deal to say about it, condemning it very strongly.

Since the system we live under is not a Christian system but one put together by greedy and ruthless people, many good people have to work at hard labor for no fault of their own. It is only because they cannot beat the system. Even though we develop all kinds of labor saving devices with the creative brains God gave us, the exploiters get control of those, too, and abuse them as well. The Apostle Paul refers to the work he did to support himself as "hard labor," using the same Greek word as in Matthew 11:28. Paul had come to Jesus, did

Jesus give him rest?

We find Paul so busy doing any kind of work he could do in order to get on with God's work–preaching the gospel at no cost to the hearers (see 1 Thessalonians 2:9 and 2 Thessalonians 3:8)–that he did not waste any time trying to fight the system. He just got on with the job.

As modern Christians we will have different vocations. Some, like Paul, will be too busy (that is the meaning of one of the Hebrew words translated "labor") introducing people to Jesus to bother with trying to change the system. Others will be called by God to play a prophetic role in society and to expose the violations of God's laws (e.g. his land laws and financial laws in Leviticus 25 and the chapters following and in Deuteronomy, referred to over and over by the prophets under the term "justice") and to seek to get the nation or the local government to take action to bring about a measure of justice. To the extent that they are able to bring about justice the conditions for any who work for a living will be improved.

All forms of exploitation are evil and some of us will be called by God to work out methods to reduce the amount of and the degree of exploitation that takes place in our world or in our local society.

In conclusion, let us say that God is always doing something. That is not always creative work, because he has to spend a lot of energy correcting our mistakes and cleaning up the messes we leave behind us and that must be "miserable work" (there is a special Hebrew word for that). He expects us to follow his example. Work should be fun and it should be creative, but because of man's sin in exploiting his fellow man, often it is unnecessarily dirty and dangerous. When we are in a position to do so, we should attempt to improve the system. When we have no power, let us get on with whatever kind of work the system will allow us to do but do it as unto God, asking God to bless it and use it and, if it is not what he wants us to do, to change it.

Perhaps the reason the Lord is putting me in a disagreeable piece of work is so that I can minister to the others in the same workplace and lead them to Jesus. Someone with a "white collar" job might not be able to convince them at all. Only someone like me who is in the same situation can talk to them in terms relevant to their situation, and introduce them to the Lord who created all things, who taught us how we should live, who forgives us when we do wrong and, through the blood shed on the cross and through the sending of the Holy Spirit can change our whole attitude toward life and make us good people with joy and peace in our hearts, loving our neighbors and loving God and being loved by God. If God is my boss, no human boss can spoil my life! Any kind of work God gives me can be a joy.

The Christian Labor Ethic

Korean version published in Korean, in *The Compass*, magazine of the Military Chaplaincy, 1997.

Every culture has a labor ethic, although often the people in that culture are unconscious of it. Koreans are world famous for hard work, but not many Koreans have stopped to think just why they work so hard or whether their attitude toward work is really the most healthy, much less whether it is Christian. I have recently been doing long distance telephone counseling with an old friend who is now in serious condition in the hospital, largely due to his being a "workaholic." He cannot say "no" to work just as some others cannot say "no" to alcohol. To make a long story short, it seems to me that most Koreans are driven by a need to bring honor to their families by hard work and they would feel unfilial if they slacked up.

Immediately, we see that this is the effect of Confucianism, not of Christianity, and we can deduce what the basic work ethic of Christians would be. We work for God's honor. Jesus warned his disciples that if they put their family ahead of

God they were not fit to be his disciples. I don't love my family because they are my God. I love my family because God has told me to love them. I also trust God, through the Holy Spirit, to give me wisdom to know how I am to express my love to my family. If my family don't understand and feel betrayed because I am not putting them absolutely first, then I have to be prepared to be hated, perhaps reviled, perhaps persecuted, for Christ's sake.

We not only work for God's honor, we are not driven to do God's work. If a Christian worker seems driven, the way many others are, it may be because he thinks of God as a ruthless boss, not a loving boss. He may not be hearing what God is saying to him, just imagining that God expects more and more of him until he is ready to collapse. This may be a psychological habit he has carried with him into his relationship with God that he learned in his relationship with his father or other family members. He may need inner healing to learn to rest. And we are not driven by a sense of obligation, but called to do God's work and respond in love. Our work is a calling.

God created man on the sixth Day of Creation and then, immediately, the seventh Day began and man started his life from the Sabbath, from a day of rest! This day of rest was a day of quiet fellowship with God. The next day God, who had made himself known to man on the Day of Rest as a friend and loving father, now called him to work as a partner in his creation. Since man was made in God's image, he also was to help

God with his creation by naming the animals, distinguishing between species and varieties, doing what we call "taxonomic identification." But God didn't expect him to work overtime. There was no emergency. In the cool of each evening they walked together in the garden and rested at night. I'm sure that when God made Eve, she worked with Adam at the taxonomy but also devoted special time to caring for Adam's personal needs, finding good-tasting things to eat, a comfortable place to sleep, and the like.

Thus we see that the Christian work ethic goes back to creation: man is created in the image of God and should be doing creative work. Man is working for his loving father and should be filled with enthusiasm for his work. Man is also obedient to God, and works only for as long as God tells him to and rests when God tells him to rest. The seventh day rest is part of the ethic. As time went on, there proved to be certain activities that could not be stopped on the day of rest. One had to eat, one had to nurse the baby, to give obvious examples. Usually, the woman prepares the food and always the woman suckles the baby, so the man must find some way of giving her a day of rest. One way has been by domesticating cattle and milking cows. But cows have to be milked on the Sabbath as well as every other day! How do we deal with this? I keep running into people whose work prevents them from attending church, yet that work seems necessary. The answer is to share it and to take turns ("share"=*koinonia*, a key word).

Sometimes working on the Sabbath is not necessary. The man is forced to work because his employer is driven by greed or pride and makes his workers do it. The Christian knows from the Bible that this is contrary to the will of God, that this is idolatrous. What does he do? First, he tries to persuade his employer that he will get better work and more production in six days, if the workers have a chance to rest. He will ask for wisdom from the Holy Spirit as to whether he should form a union and join with the workers in bringing pressure on the employer for justice. Jesus told us to "seek first God's government and God's justice (and all these things shall be added to you.)" (Matthew 6:33). On the other hand, the Lord may tell him to quit the company and find work with some other company or go to work for himself. This may put a real strain on his faith. Can he really trust God to "add all these things" to him? Our Christian work ethic is backed up by our Christian trust in God for his provision. We don't work for a living; we work because we are made in God's image and God works. Jesus said (John 5:17) "My Father is working until now, and I Myself am working." God created me to be creative and he set the example both through his manifestation of himself in nature (beauty and order and usefulness) and through Christ (reconciliation, making all things new). My work may take any of these forms, revealing God's order or his beauty as well as his concern for renewing what is damaged, whether physically, psychologically, esthetically, or spiritually. The most important work we may do, and we may not get any pay for it, is reconciling our fellow men with God. This is the kind of work that Jesus was doing and he said, "The work that I do you do, you will do, too." (John 14:12: *Truly, truly, I say to you, he who believes in Me, the works that I do shall he do also; and greater works than these shall he do; because I go to the Father.*) Let us rejoice in our work because it is God's work and he has called us to do it. Let us do it with all our heart because we love him.

If Any Man Will Not Work

Korean version published in the series, "Letters from a Mountain Valley" Shinangye magazine, February 1999.

Dear Father Torrey:

Recently a friend of mine showed me a book put out by a Christian organization which emphasized the teaching by the Apostle Paul in 2 Thessalonians 3:10, where he says "For even when we were with you, we used to give you this order: if anyone will not work, neither let him eat." Does this apply to retired persons living on their savings? Does this apply to able-bodied persons who can't find work? Does this apply to able-bodied persons living off the stock market or from stock in a company that belongs to their family? Are there other special cases?

I would appreciate getting your viewpoint. How do you understand other Bible teachings on this subject?

Yours in the service of the Lord.
Song Soo-min

Dear Brother Song:

Thank you for your letter. I am wondering how good an answer I can give you. You have raised a question that our Baalistic society does not like to face and which, apart from the *koinonia* of the saints in Christ cannot be answered to everyone's satisfaction. Many people are caught up in the system and cannot shake it off easily even when they really want to. However, I will try to give you some workable principles as well as general principles which would be goals to set before us even though not workable at the present time.

I think you know what I mean by "Baalistic" society. In the Old Testament of the Bible we read about the long struggle between people like King Ahab and his wife Jezebel who tried to convince the people of Israel that Baal was God and the prophets, such as Elijah and Elisha, who insisted that Jehovah was God. The laws of Jehovah are in the five Books of Moses, and under these laws a stable and just economic system could be maintained. The Baal system was the one that the Sidonians (Ahab's wife, Jezebel, was daughter of the king of Sidon) practiced and which they spread not only to Israel but to Carthage and from Carthage to Rome and from Rome to our modern world.

Now to come to your question about the Apostle Paul's teaching. He taught that he had a right to be supported by the church but that he refused to exercise this right. He preferred to set an example by doing manual labor. When he was in Thessalonica he did heavy manual labor to earn his living, and only taught and prayed and studied the Bible in the little bit of free time he had. I am sure that he prayed while he worked and, in any breaks or free time, he and Silas talked about the Lord or prayed and, possibly, told their fellow workers about the Lord. Later, he found a tent-making company where he could work as a skilled worker and also do a lot of teaching while he worked. Judging from the number of fellow workers who were able to travel around with him (the book of Acts only refers to them indirectly, but we find a considerable list in Acts 20:4) whom he must have helped support from what he earned in the tent-making business. He did raise money among those same churches, not for himself, but for the aged and infirm members of the church in Jerusalem. The church in Jerusalem had more aged people than any other church because so many Jewish people went to Jerusalem to spend the closing years of their lives.

The problem Paul was dealing with in his letter to the church in Thessalonica, however, was not the matter of the church supporting teachers or other full-time church workers, but was a matter of people who were misusing the *koinonia*. As soon as people became Christians in those days they were baptised and became part of the *koinonia*. The *koinonia* was a family-like relationship and the members shared everything they had and took their meals in one another's houses. If an able-bodied man had a good job he could share with the others. If a man were out of work or handicapped, the others would share with him. However, there were some people who were perfectly able to work but, instead, took advantage of the *koinonia* to loaf and to go around meddling in other people's business, expecting the church to support them. Paul was very emphatic that such people were not to be fed. They must be doing some sort of useful work. If they couldn't get a job, then they were to work for other church people, helping them with their gardening, their house-repairs, or whatever useful work they could do.

In a sense, the basic question is the matter of "exploitation," or using other people. In the case of the church at Thessalonica some were using the church as an excuse to take advantage of others, to use them. This matter of exploitation is a basic problem in our society. It takes many forms. It was the exploitation of the poor and of the minority ethnic groups in North Africa by Christians with land or profitable businesses that led to the rebellion of the North African people against the Roman Christians in the 7th Century. The same sort of rebellion of the Mid-Eastern people against the Byzantine Christians, also took place and these rebellions gave rise to Mohammedanism. It was the same sort of rebellion of the exploited industrial workers against the Russian Orthodox Christians that led to the rise of Communism in Russia and it has been the anger of exploited people in various other countries that has led to the spread of Communism.

The Bible forbids exploitation of anyone. We are to

serve one another, not use one another. The problem is that our system legalizes many forms of indirect exploitation. People who would never think of exploiting someone whom they know as an individual may be doing it indirectly by financing an organization that exploits people and pays a nice profit from this exploitation. Sometimes it is several steps from me to the person who is being exploited, but when I go to the trouble to track it down I find that I am profiting from someone's exploitation.

This is why the Bible forbids the taking of interest. If I loan someone money, I am helping him get a fresh start in life. But if I make him pay me a fee then I am using him to support me. If there were no interest on the loan he could probably pay it back in a short time. If I charge him too high interest he may never be able to pay me back and will end up working partly for himself and partly for me. I am getting all this money from him without doing any work myself. I am exploiting him.

If I put my money in a bank and collect interest, I am enabling the bank to lend people money at a higher rate of interest, thus supporting both the bank and me. The owners of the bank make a profit and I make a profit out of this wretched person who can never get out of debt but spends the rest of his life supporting both me and the banker. Maybe the bank lends the money to a manufacturing business so they can buy more land or build a new building or get new machinery. The business has to make enough profit to pay the interest on the loan and still pay a profit to their stockholders. All too often the only way they can do this is by paying a minimum wage to their employees. Many businesses make a handsome profit by squeezing their workers, but not always. In the city where I used to pastor in America we had a small tool-making factory that had a good business and not too much competition. It was specialized and stable. After many years a labor union organized the workers and they demanded higher wages. The company calculated how much more they could pay and still stay in business and made an offer. It was a living wage. As a matter of fact, the workers had been supporting their families on what they were being paid before, but the union organizer convinced them that they were being exploited and urged them to demand still more. When the company offered all it could pay and still stay in business the union leaders did not try to investigate carefully whether the company could pay still more or not, they just guessed that they could and demanded more and called a strike. The company had to go out of business, selling their movable equipment and materials to another company with a similar business. They couldn't sell the buildings and the buildings are still standing idle. All the workers lost their jobs. This was a case of the weak being deceived into thinking that they were being exploited when they were not and thus miscalculating, ending up with nothing.

Our society is based on greed. Everyone is trying to make a profit and almost no one is careful about how it is made. A Christian society would be based on service, with honest dialogue about how much things cost and what profit could be made and how it could be distributed. The New Testament ideal is the *koinonia* where the brothers and sisters bear one another's burdens. Within the *koinonia* they apply God's laws, the law of love and the law of service, and they by-pass the evil system on the outside. Unfortunately, there are very few churches today which operate as *koinonias*.

What about savings for retirement? If someone is living on his own savings then he is within the framework of working and eating. There is a question with regard to where his savings should be invested during the years that he is working. Ideally, he should give everything he can spare to the *koinonia* and then the *koinonia* should take care of him after he is too old to work. In practice, apart from a few intentional communities, there is no way this can be done, so he must invest his savings in order not to be dependant on someone else when he retires. However, because of inflation, that money will be worth far less when he retires than it was worth when he was working. I look back on the days when I was in construction work and 50 cents an hour was enough to support a family, though just barely. Now, 60 years later, wages have gone up to 25 times as much but are not enough to support a family any more and a great many American wives are also working, leaving their children in nurseries. This is what inflation does. (Under the Bible system there is no inflation. It is one of the results of the Baal system which does not have honest measures in the money area.) Inflation means that a person with a retirement savings account must receive enough interest to equal the rate of inflation. When an account pays a profit far above the rate of inflation, however, one is getting something for nothing and this often happens only if it is being squeezed out of someone else.

There is, however, a natural law of growth. If I plant a fruit tree, it will produce, with proper care, a larger crop of fruit each year. A healthy business can follow the same law. If I have stock in such a company the returns on my stock are legitimate and when I sell my stock I am getting back what I put into it. A growing business is not necessarily an exploiting business. However, if a business grows faster than the natural law of growth it is probably stealing from someone or exploiting someone. It is also in danger of collapsing. We have seen that happening around us in the last two years. If I buy stock in that kind of company I am helping them to exploit people.

Many banks and insurance companies have much of their investment in land. God says, "The land is mine, it shall not be sold permanently," but our Baalistic economy gives permanent titles. What is wrong with this? Let me illustrate. The simplest form of land speculation is the owner of agricultural land who has more than he can work by himself. He rents it out to a landless farmer in exchange for half of the crop. This means that one person, with no work at all, makes as much money as the man who works his fingers to the bone. If the landowner has still more land and can rent out two or three or more farms to landless farmers for half of each man's crop he can soon become exceeding wealthy with no work at all. This process is perfectly legal in most countries, yet it is a form of exploitation or extortion or, morally speaking, just plain theft. It is not morally different from holding a pistol to someone's chest and saying, "Your money or your life." The Bible says the land is not his forever, that it must be returned to the original owners in the 50th year. In such a case, those who have been eking out an existence, farming on shares, can double their income and begin to get ahead. Alternately, the landowner could charge far less for the use of his land or even just lend it out for nothing, since he does not need it, and the working farmers would have a good profit from their labor at the end of each year. A retired person who has no other income than land rent should, at least, try to reduce the rent as much as possible so that the renters have a chance to receive more for their labor.

The same principle applies to land rented out to businesses, factories, or apartment houses. None of these can exist without land, and the landowner can squeeze them for all they are worth. They, in turn have to squeeze their employees or customers or renters. Not only are many people hurt by this system but often the landowner miscalculates just the way the workers did in the case of the tool factory. He may end by putting himself out of business. That has been happening recently in this country. Usually, the landowners have made enough profit before things collapsed to just sit tight until "recovery" comes and they can start exploiting people again. Then the cycle is repeated. The Bible teaches that this cycle should be prevented by returning the land in the 50th year. In that case, each business could pay higher wages or charge lower rent and still show a reasonable profit.

Any kind of speculation or gambling is an attempt to eat without working. The gambling spirit is widespread in our country. Not just *padook* and casinos, but the stock market, land speculation, and many other forms of trying to get something for nothing.

Now, what about honest people who are disabled? Disabled people, of course, normally depend on their families. If they have no families or if their families are poor, the church should come to their rescue. At the same time, it should find tasks that these people can do within the limitations of their disabilities. There are a number of such projects. These not only do useful work but maintain the self-respect of the disabled persons by giving them creative work to do. The income may not be enough to support the project completely. If not, the *koinonia*, the church, should supplement it so that the disabled people can live just as decently as anyone else.

There is a way of by-passing many of the evils of the Baalistic system. That is through cooperatives. A group of people band together to form a business and to operate it in a fair manner, with everyone, regardless of the kind of work he does, sharing in the profits. In the United States there are quite a few Community Land Trusts which are cooperatives. Their members band together to buy land and then to use it constructively so that people have opportunities to farm or to do business without an excessive rent. Whatever profit is made is redistributed to the members of the trust. There are also Credit Unions or Credit Co-operatives. These function as banks, but they are owned by their own members and the profits are redistributed to the members. No one is exploiting anyone else. Unfortunately, the banking laws of Korea seem to make this sort of thing very difficult, if not impossible. I know a fine Christian bank in the USA. which loans money to poor people so that they can buy their own homes. The interest charged is very low, just enough to function as a service fee. Within a few years, the borrower is able to repay his loan and own his own home. People like ourselves, who put our savings in this bank receive less interest than we would with a commercial bank, but it is enough to keep abreast of the rate of inflation, and that is all we ask. I know a Korean brother who wants to do the same sort of thing in Korea, to organize a Christian bank, but he has not been able to do it because of the government regulations with regard to the banking industry. We should pray for these regulations to be changed and for it to be possible for Korean Christians to organize Christian banks or credit unions or Community land trusts. They will go a long way toward making it possible for retired people or people needing loans or others who do not want to invest in the exploitation of other people to find alternative ways of doing business.

To return to the matter of retired or disabled people or others who, for some reason, cannot work in the system, the Creator's will is that each person created in his image should have something creative to do. If the system does not provide opportunities for people to work creatively, the church or individual Christians or groups of Christians banded together to solve the problem should provide opportunities. And if someone has money to spare he should seek the mind of the Lord about investing it in people, right now, or investing it some kind of business which will be able to support him when he is unable to work. Thank God, we have the Holy Spirit to give us wisdom and the Bible to give us basic principles and the fellowship of the church to share our thinking and questions with. We can find appropriate solutions to these problems and reveal the love of God to the unbelieving world and draw more and more people to Him.

Sincerely yours,
Dae Ch'on Dok

Getting Into Debt

Korean version published in the series, "Letters from a Mountain Valley" Shinangye magazine, September 1998.

Dear Father Dae Ch'on-dok:

How is Jesus Abbey getting along these days? Has the IMF problem affected you seriously? I wonder if you have had to change any policies to meet the exigencies of the economic crisis?

I have heard that the great missionary to China, Hudson Taylor, broke with the established missionary societies because he did not believe in going into debt. He took the words of Romans 13:8 very literally and because of this he started a faith mission.

Do you think this applies now? Do you think that Christians should never get into debt? If so, then the credit card becomes a great problem. What do you think about credit cards? What about the big commercial companies who have to borrow from the bank? What should be the attitude of us Christians during this IMF period with regard to those who are losing their jobs? What should be the relationship between Christians who have no jobs and Christians who are working? I am anxious to know your views about these urgent matters which we face today.

Your brother in Christ,
Sohn Jae-hong

Dear Brother in Christ:

Thank you for the materials you sent me and for the stimulating questions you have raised. I find that there is a wide difference of opinion in the church at large and I hesitate to advance one opinion as the only correct one in this case. There is only one clear cut command, Romans 13:8, in the New Testament with regard to getting into debt.

The Old Testament teaching is clear and Jesus told us that he had come to fulfill the Law and the Prophets. The fact is, the Old Testament does not deal with all of the problems we face today. It only deals with personal loans to needy brethren. A poor man's cloak may not be taken as security on a loan for more than a few hours! It must be returned to him in time for him to sleep in it. Interest may not be charged on loans to brethren. And if the debt has not been repaid by the seventh year, the debt must be cancelled. Jesus, in the sermon on the mount (Matthew 6:12), makes it clear that Christians are to forgive debts and that if they do not forgive those who owe them, they cannot expect God to forgive them for the spiritual debts they owe to God. This verse could be translated, "Since we have cancelled the debts of people who owe us, please cancel the debts we owe you, O God."

Why does God, in his law, which seems to cover such a wide range of issues, not deal with these issues we face today? We must realize that today's system is the Baalistic system which God expected his people to stay away from. There was no need for him to tell people how to deal with the Baalistic system, since they were to have nothing to do with it. By New Testament times, of course, that system had taken over and the New Testament does show us how the Holy Spirit led the church to function within the system. Essentially, what they did was to by-pass it, set up their own, known as *koinonia*. They were an island of God's justice in an ocean of Satan's injustice and corruption.

Sadly, the Christian church of today has generally ignored the Bible teachings and has allowed a system of economics to develop which is based on the Baalistic practices of the Phoenicians. The prophets of Israel condemned it vigorously at the price of their lives. I cannot imagine the prophet Elijah approving of our present system, which began in Tyre and Sidon. We are told in First Kings that Ahab did more evil than all the kings who had gone before him, adding to the sins of his predecessors his marriage to Jezebel, the daughter of the king of Sidon, and serving Baal and worshipping him. The city of Carthage in North Africa was founded in 814 BC, 30 years after the death of Jezebel, by her kin people. It became the capital of the Phoenician Empire and eventually fought 3 wars with Rome. When Hannibal invaded Italy, the ethnic minority groups sided with him, hoping for deliverance from Rome.

Carthage was finally wiped out by the Romans who then seized all the great estates and gave them to the veterans of the wars. The veterans, with this tremendous unearned income from the labor of the North African people, moved back to Rome and turned Rome from "a city of brick to a city of marble." They established estates, following the Baalistic economic system, based on great private land-holdings and slave labor, in Italy. One of the Romans said, "The great estates were the ruination of Rome." They changed Rome from a republic to an empire.

When Rome became Christian, did they change over and establish the Biblical system? No. They continued to oppress the poor in Italy and to exploit the Berbers, Mauritanians, Numidians, and other North African peoples. When St. Augustine was Bishop of Hippo in North Africa and, supposedly, a great theologian and authority on Christian ethics, he debated with the North Africans and proved their theology wrong. He did not offer to change the system. According to the Encyclopedia Britannica, "In contrast to the apocalypticist's focus upon the contemporary world, Augustine, though just as influenced by his own cultural milieu, responded with a millennial eschatology that seemed almost oblivious of time. As far as the struggle with evil in this world is concerned, Augustine surrendered and abandoned the field." He told the North Africans to "come back home to the Catholic Church." They refused, seething with bitterness against the Catholic landlords, and created the "Donatist" church. Three centuries went by with no effort on either side to be reconciled. Then came the Mohammedans with their slogan, taken right from the Bible (Lev. 25:23), "The land belongs to Allah," and the Donatists became Mohammedans and drove the Catholics into the sea and seized the land.

This scenario was repeated in country after country. We Christians caused the success of Islam by our greed and lust for power and our failure to take seriously the Bible teaching about land. If the Czar had listened to Tolstoy when he spent the latter half of his life pleading for a Biblical economic system, Russia would be a healthy, Christian country, today. But the church said Tolstoy was mad and Russia became Communist. If the Chinese had listened to Sun Yat Sen, China would be a free country today. They refused and China became Communist. The roots of the rise of Communism and the roots of the rise of Islam are the same.

The problem with repenting for the misdeeds of the church, which lie at the root of the rise of these great heresies, is that if we repent we must "go and sin no more." Like the Emperor Constantine who had every intention of going on in his sins and so postponed his baptism until he was on his deathbed, the church which he bought control of has no intention of taking the land laws of the Bible seriously or any other of its economic principles. It is not apologies that are needed. It is deeds. With the Baalistic system controlling nearly all the formers of public opinion—the academic world and the media—only prayer and miracles can bring about meaningful repentance. In the meantime, what can we, as individual Christians, trying to do God's will, do and not do?

The teaching on God's economics is given in Leviticus 25 and in related passages. The American economist, Henry George, applied some of this to the modern economy of America and other countries with similar systems, and used it to expose the fallacies of both Karl Marx and Adam Smith. I am not aware of what he taught with regard to loans and interest.

To return to your question about debts, I can say that here at Jesus Abbey we have believed that God was calling us to take Romans 13:8 seriously, and that has been our policy for 33 years. I would like to quote something that my wife wrote in her book, "At the Table in the Wilderness" about the one time we changed our policy and found ourselves in serious trouble.

Archer and I had felt responsible to provide the campers with their necessities, so they were allowed to buy soap, tooth paste, and so on from the store in the village, charging it to the Jesus Abbey account. On the last day of each month, it seemed, we were able to pay up. Further, the people in the village wanted to work with us and help us build our house (they needed work), and they said, "We don't care when you pay us." To enable them to work we had to have building material, which we borrowed money to buy. Month after month, on the last day, we were able to pay our debts—it seemed... But then on that Saturday night in December 1968, the fact was laid bare that several months had gone by without squaring away our debts.

How had we let this happen, when we knew from the beginning that God had said, "Let the funds available guide your actions, and don't get into debt."

Puzzled and disturbed, we searched Archer's journals to find out how the tide had turned and to find out when the debts had begun to pile up... It was a shock to realize, through this research, that every time we had made a bad move toward getting into debt, every time we had let ourselves be talked into borrowing money, some freak accident had happened in the barn.

This was the sequence of events we discovered: a cow, Euodia, died giving birth; Abialban, a bull calf tethered to a tree lost its footing and, hanging by its tether, choked to death; Chloe, one of our first cows, fell into a creek, was injured, and had to be disposed of; Ferdinand, our purebred bull, supposedly standing safely in the barn broke his leg and had to be butchered. It seemed that God had been trying to warn us through these most unlikely accidents and we had been treating them as "mere, but costly coincidences," and not taking notice. Now we saw full well our mistake...

We decided, from the next day, to charge nothing. We decided to buy only what we had money in hand for. This meant: no construction, lots of lost face, simpler food, no extras, more sharing of what we had, being willing to deny our wants and perhaps, even, to fast. Day by day the pennies now checked out—there was always just enough, just the right amount for the day's necessities ("Give us this day..."). It was a continuous miracle... We got no deeper into debt and we were happy in our obedience. But furlough time was coming for the Torreys. We knew we could not leave the country until all the back debts had been paid. God was faithfully providing our daily necessities in compliance with our obedience, but the debts from the previous months, with monthly interest increasing, hung heavier and heavier. Our creditors began to worry that we might run away. Was God letting it be this way that we might, of a certainty, learn our lesson?

Suddenly, in May, I was taken very ill and had to go to the States. Strangely, just enough money was found for my plane fare. Meanwhile, back in Korea, Archer was walking in faith that God would help the Abbey to pay all the debts at the right time. The end of summer seemed right. Yancey had started first grade in the village school and she could start first grade in September in an American school. As he read about the CFO*, Archer prayed, "Lord, I have no right to ask any favors of you and I will mention this only this once. If you would allow us to attend the CFO at the end of August we would be deeply grateful." There was no sign that God had heard him. But one day he realized that if he were going to go he would have to take the children to Seoul for immunizations ten days ahead and that if he did not, even if God opened the door, he would not be ready to go through that door.

With no money and no signs, he started for Seoul. Safely on the train with Yancey and Bunny beside him, Archer began to open the mail. Nearly every letter had a check in it. Some were from old friends, some from total strangers, such as $40 from a church in England we had never heard of. There was enough to pay the

---

*Camps Farthest Out. a week-long program of spiritual renewal with talks, worship, small group meetings, various workshops, etc.

debts and run the Abbey for a month.

You refer to Hudson Taylor's adoption of the "faith principle" because he believed that it was wrong to go into debt. We have tried to follow this principle here at Jesus Abbey. We understand it to mean that we never engage in any kind of money-raising activity or tell anyone that we need money. That was Hudson Taylor's policy. If anyone asks specifically for information with regard to our finances we may answer their questions, but not go beyond that. In no case do we take the initiative in talking about finances. We have never had any pledged support. There are a few friends who send us regular donations but, for the most part, we have no idea of where our support is going to come from. We do as much as we can to support ourselves and, as of the present, we have been able to earn about 60% of our operating costs. The rest comes as "manna from heaven." It is a joy and a privilege to live in such dependence upon God and it is exciting to see how he does provide, just as he promised.

What about Christians who have regular jobs and a regular income? I am sure that it is quite proper to budget that income and to assume that it will continue, but one should always be prepared for the emergency when the company is unable to pay the full salary or when one loses one's job. The Christian's eyes should be on the Lord and not on his employer.

What about credit cards? I use a credit card for convenience. I have two principles which I go by in this regard. First, I do not charge more to the credit card than I have in the bank. I do not use the card, hoping that I can pay it. Unless my bank goes bankrupt, I can always pay it. The second principle is that I never allow interest to accumulate. I pay the credit card bill the day it comes in or the next day, at the latest.

My son, who is a computer programmer, recently wrote me about the dangers to credit card holders in case of computer breakdowns. If interest is figured from 1900 instead of 2000 by mistake, the computers could not cope with the amounts involved and other programs would go out of order. People would probably not even get the bills, just discover that their cards have been cancelled. He has already advised us to operate on a cash basis from the end of 1999 until the economy has settled down some time in the year 2000.

You also raised the question of big companies which have to borrow money from the bank. The current crisis is not due to simple borrowing. A bank is supposed to make sure that the borrower can repay the loan and is pledging sufficient security to cover the loan. In many cases the security was land. The problem was two-fold. First, the land was over-priced and not actually worth what the bank allowed. Second, the loans were for far more than the actual security. When the loans came due, even if they had been able to sell all the land at the inflated price, they still would not have had nearly enough money to repay the loans.

If a company, in order to get operating capital, pledges its plant and other property and borrows less than the value of the pledge, they can get out of debt in an emergency. I believe that this is a legitimate way of doing business. But to pledge an imaginary future income from future production is buying and selling dreams. This is foolish even by the standards of the Baalistic system. Even if Korea had been operating on the Biblical system, there is no way that such foolishness could have been rescued.

Now I come to your question of the Christian attitude toward the jobless. The church is described in the New Testament, frequently, as a *koinonia*. This word is usually translated "fellowship," but it is a much stronger word than any of its translations. There is no equivalent word in either English or Korean. It refers to a relationship as permanent and as responsible as that between brothers and sisters in a family. The teaching of the New Testament is clear. We are to treat our fellow Christians as our brothers and sisters and provide them with food, shelter, and clothing as well as health care and anything else they need for as long as they are out of work. The church is a family and treats each one the same as we would treat our blood kin.

In the case of non-Christians who are suffering from poverty, we are to aid them as well as we can and we are to struggle for economic justice so that the causes of poverty will be removed. The church, today, tends to try to feed the poor but does nothing to eliminate the cause of poverty which, in most cases, is due to direct violations of God's justice. Micah tells us that God requires of us to do justice, to love mercy, and to walk humbly with our God. Jesus taught that all the walking humbly with God is worthless if we do not do justice and love mercy. Most churches do a little mercy and nothing at all about justice. Justice begins with enforcing God's land laws at whatever level we are able, ultimately at the national level.

The New Testament tells us that the early church had no problem with poverty because they shared (*koinonia*) what they had. Those were not wealthy people. Jesus' disciples were mostly working class people, with a handful of more wealthy types. But whatever they had they shared and God saw to it that it was sufficient. We have no claim on God for his miraculous provision as promised in Matthew 6:31 if we are not also willing to share everything (that is what "the Kingdom" is about) and to work for justice.

Your brother in Christ,
Dae Ch'on-dok

Chapter 5

Pioneering vs. Modernity

Pioneering Vs. Modernizing

Korean version published in the series, "Letters from a Mountain Valley" Shinangye magazine, December 1997.

Dear Father Torrey:

How has the weather been at Jesus Abbey? Have you had much rain? Has the weather affected the cabbage crop in the village? It seems to me the patterns of farm life have changed a lot in Hasami as well as many other villages in Kangwondo. You don't seem to grow nearly as much potato as you used to. Would you call the changes "progress," or "modernizing," or "pioneering?" I have the feeling there is a difference between these things but I am not quite sure what the differences are. I also have the uncomfortable feeling that we are often confused about these things and missing the real values. Have you thought about this matter? If you have, I wish you would write me and explain what the differences are and which changes are the most useful? I am sure that we don't want "change for change's sake," but I get the feeling that a lot of people think that if it is change it is good. Of course there are others, usually older people, who seem to think automatically that if it is old it is good, that change is not good.

How do we evaluate change?

Yours in Christ,
Nam Jang-shik

Dear Brother Jang-shik:

Thank you for your thoughtful letter. It is quite true that people are often confused about the similarities and differences between the three things you mentioned. What is happening to our farm situation in this area illustrates at least part of the problem. We used to have a wide variety of crops, none of which were exceptionally valuable, but which, taken together, helped us to maintain a balance between self-sufficiency and a small money return. We used much of what we grew and only sold a small proportion. We produced our own hemp cloth as well as potatoes and a fairly wide variety of vegetables, some grains, and a fair amount of rice.

As time went on, we began to find a market for our cabbage all the way to Seoul. As the roads improved and the transportation industry improved, the market for cabbage enlarged steadily and our farmers found they had more and more cash available. But a few problems appeared: we began setting aside more and more land for cabbage and discontinuing other crops. Then we had to lay out cash for these other crops that we had formerly grown, ourselves, thus eating into our cash profit.

In the mean time, the government began to want to help us to diversify and helped us to put up plastic green-houses to grow flowers and other crops as well as to make a head start on cabbage and get the high early prices. The rice paddies were not suitable for cabbage but almost everything else seemed to be (with enough fertilizer, overhead irrigation, etc.). We knew that it is better to rotate crops—we have known this for years—but the temptation of a cash income such as we had never seen before got the best of us.

So what has happened? We used too much chemical fertilizer and too much water and a once-rare soil disease has now become very common and, in order to fight it, fields may have to be allowed to lie fallow for several years. The combination of our greed and our carelessness has ruined a number of fields and cut back on the big profits we have seen for this short period. Not only will we have to rotate less profitable crops, as we did in the past, we may actually have to do without any crops from some of these fields for a time. It remains to be seen just how much our greed is going to cost us. We thought we were being progressive and modern and we have ended up set back, financially.

"Modern" means keeping abreast of the most current

research. In this case, we ignored research that had been done in the past and just used some relatively new techniques. We did not look at the whole picture. If we had looked at the whole picture we would have known enough to continue rotating crops and to use more compost and organic fertilizer and we could have avoided this situation. One of the problems had to do with irrigation. We live in the area of the country with the highest rainfall and we added overhead irrigation to that. This was an expensive investment to begin with, but it cost us more than we expected. The water-soaked fields were ideal for this disease that has appeared. If we had used less irrigation and had been satisfied with our normal rainfall the disease would not have been so severe. The "modern" system of pipes and sprinklers that provided the overhead irrigation looked very impressive, but it was creating the conditions for the disease to spread. "Modern" isn't necessarily "best."

Your question is a good one: what is the difference between "progress," "modernization," and "pioneering?" We can see here that our modernization did not bring progress. It was a matter of adopting some new techniques without asking ourselves whether those techniques were going to take us forward or backward. We forgot principles we had once known. It is like driving a car. A car can get you to where you are going faster than a horse and wagon but if you are on the wrong road it can also get you farther and farther away from where you are going. Speed is less important than direction.

Let us examine these three concepts and see what the differences are. We have already commented on "modernization." It is using any technique that has been newly developed. All too often it is done without asking whether the technique is appropriate. The first question to ask is: what is the basic purpose of this new technique? Does that purpose coincide with my goals? Before I answer that question I need to examine my goals and ask myself whether I have the right goals. If just making as much money this year as possible is all the goal I have, I should not be surprised if it backfires. The very techniques I use to make a lot of money this year may be techniques which will prevent me from making money next year.

In the case of farming, the land is not really ours to do with as we please. We have to pass it on to the next generation in good condition and, hopefully, in better condition than we received it. The land belongs to the nation and, ultimately, to God. We have a responsibility to care for it. The techniques we use for making it more productive have to be examined for both short-term and long-term results. The same principles should be applied to any enterprise: are we going to be able to pass this business on to our children, or friends, or successors, in better shape than we received it? What side-effects are my "new" or "modern" techniques going to have in the long run? Will I some day wish I had not used those techniques?

This same question applies to the use of computers. Computers can increase the number of different jobs I can do, they can reduce the time it takes to do those jobs, and they can make possible some jobs that were simply not possible before the arrival of the computer on the scene. But the basic question must be asked: what jobs am I supposed to be doing? I may end up doing a lot of jobs that the computer has made possible but which are not needed at all! What are my goals? If I am going from Seoul to Euijongbu it doesn't matter how fine a car I have if I am on the Seoul-Pusan highway. The better the car performs the farther it takes me from my goal. I am making lots of progress—in the wrong direction!

Every time I hear myself talking about "progress" I should ask myself whether the progress is in the right direction. The direction in which one is moving is more important than the speed with which one is traveling. Slow progress in the right direction is better than any kind of progress—slow or fast—in the wrong direction!

Thus we see that "modernization" and "progress" are not necessarily good goals. We have first to define our goals and then ask ourselves what methods will help us to move towards those goals. We may decide that old methods are much better. Some people like the old ways just because they are familiar and relatively easy to follow. We have to evaluate both the old and the new methods and see what results each will produce. The Bible speaks quite often of being led by the Spirit. God has sent us his Holy Spirit to lead us. He will give us the goals, he will give us the right directions, and he will give us the most effective techniques for reaching those goals. He will also give us good judgment to know whether the goals that other people have set for themselves are the goals God wants us to set for ourselves. Often people set very selfish goals, whereas God wants us to set goals that will benefit the entire community—the village or the business or the town rather than just one person or some very few people.

As we read the Bible we see that during certain periods of Bible history the people of Israel were moving forward toward a more sophisticated pattern of life and seemed to be happier and more productive, but at other periods the changes were for the worse. Most of the prophetic messages were warnings that the people were going in the wrong direction and that what many people prided themselves upon as progress was, in the eyes of God, nothing but corruption. It is important to look at our period of history with the eyes of the prophets and see, whether we are building a better world for people to live in or whether we are creating a corrupt and ruthless society. How much does the society we are building resemble God's kingdom?

There is another word that sometimes sounds similar to "progress," and that is "pioneer." It is a very popular word in American society. The "pioneers" are, in many ways, the heroes of American society, as they were people who led the way for others to go forward and made it easier for others to go forward. They underwent tremendous hardship, going where none of their people had been before, or where only "explorers" had been before. "Explorers" were people who went where no one had ever been before, examined the country, and evaluated its possibilities for development. They did not stop. They keep moving and returned to report on what they found. (Of course, in their white man's arrogance they ignored the Indians who had explored that country long before them and they even exploited the Indians. I am describing how the explorers looked to their fellow white men.) They had many exciting adventures and were greatly admired, but they did not change anything.

The explorers were followed by the pioneers who took their families and their belongings on huge covered wagons and set out with the idea of settling down in some area where no one had yet done any farming. They had to build simple houses and to plow land that had never been developed for farming before. They had to use tools that they could keep in repair themselves. The farmers who lived in the developed communities that spread slowly outward from the towns and cities could go into the city for newer and more modern designs for their tools, and they could find skilled craftsmen to keep their tools in good repair, but the pioneers had to use relatively primitive tools that would not easily break down. They had to endure a great deal of loneliness. Each family lived far from other families as they moved westwards, taking their civilization out into the wilderness.

We often call people "pioneers" when they are doing things no one has ever tried before and are facing the same sort of loneliness because few people are involved in the same activities or have the same motivation. Missionaries often need a "pioneering mentality." They may not be introducing farming to a wilderness area that has not been farmed before, but they may be introducing Christianity and the church to an area where it has never been known before. Like the American pioneers, they must be prepared for loneliness as they move in among people who have no idea what Christianity is. They must be prepared to cultivate their own spiritual life and to tap the refreshing springs of the Holy Spirit as the pioneers built their houses near springs or dug wells to supply water for their families and for their cattle.

Pioneering takes many forms and it requires a special kind of mentality. The pioneer must be willing to go where no one has gone before and to experiment with different methods of solving problems from those that are in general use. He must have an adventurous mind. God wants pioneers in every area of life. There are many, many jobs that have not been tried before and God is looking for people who will tackle them. As our society changes and makes what it calls "progress," and "modernization," often we find ourselves in a situation that no Christian has faced before. We have to ask the Holy Spirit to give us the imagination to understand how the new situation relates to God.

There are some people who have a pioneering spirit but do not know God and do not know how the new things they pioneer relate to God. But God, himself, is the greatest pioneer of all, since he is the Creator. He is constantly moving in new directions and stimulating mankind to move in new directions, so when we see something new developing, we can ask ourselves whether it fits into God's plans or not. Abraham and Isaac and their families were pioneers, on the move, laying the groundwork of a future civilization. Sometimes we can ask God, as they did, whether the new thing fits into God's plans or not, and sometimes we can see that it does not as yet, but can easily be made to fit. Sometimes we will see that it is contrary to God's plans. The people who built the great cities of Sodom and Gomorrah and Babylon were pioneers with all kinds of new ideas, but the things they wanted to do did not fit into God's plans and God sent them prophets to warn them to move in a different direction and to modify their plans so as to fit into God's plans. They stubbornly refused and were finally destroyed.

As we look at our civilization which so admires the pioneer, the new thing, the "modern" thing and the "progressive" thing, we need to ask God to show us how he sees these things. We may find that the primary values and motivations behind all these things are contrary to God's plans and laws, that they are in rebellion against him, and that we must take a stand against them. We may find other things that are constructive and valuable, things which fit into God's creative plans for the world, and we can rejoice to encourage such things. God has, for many years, been telling the human race good things to do and sometimes people hear and sometimes people rebel. As Christians our task is to distinguish between the things which fit into God's plans and the things that result in people being exploited. Our dismal failure to grow healthy cabbage crops in this area is a good example of not keeping God's laws, of not understanding God's plans. We knew about rotation of crops but our greed caused us to rebel and now we are paying a high price for our rebellion.

As Christians we must remember that God is in charge of every part of our lives, that there is nothing about which he is not concerned. He created this entire world and it runs entirely according to his laws. It is a bit strange that Christians have tended to take their cue from Paul's remarks in Romans about not being "under the law" and have tried to rebel against God's law. Yet, since God is the Creator, all natural law, whether the laws of agriculture or of physics or of chemistry, all are God's laws and cannot be broken without getting into trouble. There are also laws of human society expressed in the Mosaic Code which are designed by God to protect the human race from exploiting one another. The church has ignored many of these laws and has given us a world with millions of people suffering from starvation and disease.

You ask, "What do you mean? The Church has given us a world with millions suffering." There was a time in the

West when nearly everybody claimed to be Christian and the organized Church dominated the government. The miserable world with so much starvation and disease goes back to that time. The Church could have introduced God's laws and given us a world without poverty and starvation. The Church could have taught God's rules for society as given us in the Bible, but it did not. It pretended those laws didn't exist and it kept silent when the governments of the world allowed the poor to be exploited. In modern times it has been abundantly demonstrated that following God's laws can bring prosperity and health and that there is no excuse for the misery in which so many people find themselves. Are we willing to be pioneers and to demonstrate how God's laws can be applied in our society in order to bring about prosperity and health?

If only Christians would allow the Holy Spirit to give them a pioneering mentality and to show them what sort of a society God wants and how to bring it about! It is in the Bible! Jesus said, "Take no thought what you will eat and what you will drink and what you will wear. Those are the things the unbelievers spend their energy on. But you spend your energy on keeping God's laws and maintaining his justice, and the other things will take care of themselves." (Matthew 6:33). The diseased fields of our part of Kangwondo are the result of people thinking only of what they are going to eat and drink and wear and not thinking of God's laws. The Holy Spirit can show us what God's laws are and he can give us the power to live by those laws. With the help of the Holy Spirit we can be God's pioneers.

Are we willing to be God's pioneers? Are we willing to find ourselves almost alone?

The pioneer never got rich. He had to do things the hard way. But he made it possible for other people to follow his example and to build a great nation. If a Christian wants to get rich quickly maybe he can modernize, or do "the progressive thing." He may ruin things for some other people but he may "succeed" for himself. However, if he is willing to follow Jesus' example, to do the difficult but divinely ordained thing he may pioneer God's way of doing things and bring blessing to many people in the long run. We have been called to do things God's way ("seek first God's kingdom" means to find out what God's rules are; "seek his righteousness" means to work for justice between people, the elimination of poverty and exploitation). We have been commanded to do things God's way. Are we going to? Let us ask the Holy Spirit to make us want to do things God's way and to give us the strength of character to do it. "Thy kingdom come, thy will be done on earth by us pioneers!"

<u>엮은이 벤 토레이</u> Ben Torrey

네번째강 계획 추진본부장
삼수령 센터 본부장

1950년 미국 매사추세츠 주에서 고 대천덕 신부(Archer Torrey)와 고 현재
인(Jane Torrey) 사모 사이에서 태어나 1957년 부모님을 따라 한국에 왔다.
강원도 태백 산골짜기에서 기도 공동체인 예수원을 개척하는 데 함께했다.
대 신부님과 뜻을 같이하는 젊은이들과 약 6개월간 천막생활을 하며 땅을
개간하여 예수원의 첫 번째 건물을 세웠다. 1969년 미국에 돌아가 대학에
진학하기 전 약 2년간 여러 지역사회 봉사단체에서 섬겼고, 1976년 사라 로
렌스 대학(Sarah Lawrence College)을 졸업했다. 1978년 아내 리즈 토레이
와 한국에 돌아와 1년간 예수원에서 지냈다.

1979년부터 컴퓨터 시스템 개발 및 지식경영 분야에서 일하면서 Evangeli-
cal Apostolic Church of North America(중동과 인도에서 발원한 동방정
교 소속, www.eacna.org)에서 자립목사로 섬겼다. 1998년 코네티컷 주 볼튼
에 기독교 중고등학교인 왕의 학교(The King's School)를 설립했다. 2004년
네번째강 계획과 예수원 삼수령센터에 온전히 헌신하기 위해 퇴직할 때까지
이사회 대표로 일했다.

벤과 리즈 부부는 2005년 한국에 돌아와서 현재 예수원 정회원으로 살
고 있다.

Director, The Fourth River Project, Inc.
Director, The Three Seas Center

Born in Massachusetts, USA in 1950, Fr. Ben Torrey went to Korea with his parents Jane and Archer Torrey in 1957. As a teenager, he joined them in pioneering Jesus Abbey, a community of prayer in Taebaek, Kangwon Do. With his father and ten other young men, he lived in a tent for six months while clearing land and erecting the first Jesus Abbey building. Returning to the United States in 1969, he spent two in social service work before attending college. He graduated from Sarah Lawrence College, Bronxville, CT in 1976. He and his wife, Liz Torrey, returned to Jesus Abbey in Korea for a year in 1978.

From 1979, Fr. Torrey served as a self-supporting pastor (ordained in the Evangelical Apostolic Church of North America, www.eacna.org) while working in the fields of computer systems development and knowledge management. He served as Chairman of the Board of The King's School, Bolton, CT from 1998 and administrator of the school from 2002 until his resignation in 2004 in order to devote himself fully to the Fourth River Project and Jesus Abbey's Three Seas Training Center.

Ben and Liz Torrey returned to Korean in 2005 to live and are members of Jesus Abbey.

대천덕 신부의 통일을 위한 코이노니아
Koinonia and Korea: Thoughts on Korean Unification

<u>지은이</u> 대천덕
<u>엮은이</u> 벤 토레이
<u>펴낸곳</u> 주식회사 홍성사
<u>펴낸이</u> 정애주
국효숙 김의연 김준표 박혜란 손상범
송민규 안지애 오민택 임영주 차길환

2012. 8. 1. 초판 발행   2015. 12. 10. 3쇄 발행
2023. 1. 5. 무선 1쇄 인쇄   2023. 1. 13. 무선 1쇄 발행

<u>등록번호</u> 제1-499호 1977. 8. 1.
<u>주소</u> (04084) 서울시 마포구 양화진4길 3 <u>전화</u> 02) 333-5161 <u>팩스</u> 02) 333-5165
<u>홈페이지</u> hongsungsa.com <u>이메일</u> hsbooks@hongsungsa.com
<u>페이스북</u> facebook.com/hongsungsa
<u>양화진책방</u> 02) 333-5163

ISBN 978-89-365-1554-6 (03230)